教室で行う特別支援教育 9

通級指導教室と特別支援教室の指導のアイデア
小学校編

月森久江 編著

図書文化

まえがき

編者　月森　久江

　私は，東京都杉並区立中瀬中学校内に設置された通級指導教室「中瀬学級」で，1997年（平成 9 年）の開設から13年にわたり指導をしてきました。「中瀬学級」は，LD，ADHD，PDD などの発達障害をもつ中学生を対象とした通級指導教室で，開設にあたっては保護者たちが杉並区に1,347名の請願署名を集めて提出し実現されました。通級や中学生への指導については，まったく先行研究や教材もない中で，私が25年間通常学級で培った経験と長年受けてきた研修の知識から，子ども一人一人にあった教材を手作りしていきました。このように全国に先駆けてスタートした「中瀬学級」の実践は，大変注目を集め，国内外から多くの視察や見学を受けました。

　この間には，2007年（平成19年）から「特別支援教育」がスタートしました。これを受け，通常学級の教師や支援者，保護者にも，できるだけわかりやすく，発達障害のある子どもの行動の背景や指導方法がイメージできるようにとまとめたものが，私の『教室でできる特別支援教育のアイデア』シリーズです。

　全国の通級指導教室の状況に目を向けると，教室数は増え続けているものの，その多くは教師一人の職場で，まだまだ情報収集や子どもの指導のために孤軍奮闘されている先生が多いというのが実状です。また現在，通級にかわる制度として，一部の地域で「特別支援教室」がスタートし，子どものニーズも指導環境も異なる複数の学校を一人で巡回して指導している先生がいます。発達障害については広く一般に知られるようになったものの，これらの先生方が，子どもの状態をどうつかみ，どのような指導が必要かを見立てていく方法について，具体的に役立つ情報はまだまだ不足しています。そこで本書では，通級指導教室と特別支援教室という「特別な指導の場」における指導のアイデアと，子どもの状態をつかむアセスメントの方法に力を入れて記述しました。

　本書の構成は，第 1 章は通級指導教室と特別支援教室の役割，第 2 章は国語と算数のつまずきに応じた学習指導，第 3 章は障害特性に応じた指導，第 4 章は保護者・子ども・在籍級や在籍校との連携となっています。これらの内容は，通常学級の担任や支援者，保護者の方にとっても大変役立つものと考えます。

　通級指導教室や特別支援教室で子どもたちを指導できる時間はほんのわずかですが，本書によって子どもたちが自分への自信を回復し，誇らしい気持ちをもって，在籍学級での生活に笑顔で向かえることになることを願ってやみません。

目次 第1章　通級指導教室と特別支援教室

目次 通級指導教室と特別支援教育の指導のアイデア

まえがき　3

第1章　通級指導教室と特別支援教室

1　二つの教室の制度的な位置づけ————————10

通級指導教室・特別支援教室とは　10
教室環境づくりのポイント　12
校内支援体制における通級担当の役割　14
対象児の判断はどのように行うか　16
保護者や子どもとの信頼関係づくり　18

2　指導につなげるためのアセスメント————————20

アセスメントとは　20
アセスメントの観点　22
認知特性のアセスメントとは　24
子どもの総合的な特性理解の例　26
アセスメントから支援へ　28

3　個別の指導計画————————30

個別の指導計画のつくり方　30
アセスメントシートの記入例　32
個別の指導計画の記入例　34

第2章　学習のつまずきに応じた指導

1　つまずきの背景の理解と対応————————38

通級における学習指導のポイントと留意点　38

第2章　学習のつまずきに応じた指導 目次

2　国語――――――――――――――――――42

● ひらがな ・・・

＜読み＞

音韻意識（読み）①　42
　音韻分解と音韻抽出の学習をしよう①

1 文字ずつの読み　43
　文字形イラストカードを使って学習しよう

形の識別　44
　文字の形の識別ができるようになろう

50音の構造　45
　50音表で組み立てを理解しよう

＜書き＞

画を意識する　46
　始点終点を意識して書こう

組み立てを意識する　47
　画要素を組み立てて書こう

流ちょうに書く①　48
　画要素不足カードを利用して書くことに
　慣れよう

流ちょうに書く②　49
　50音表を手がかりに書こう

● ひらがな単語 ・・・

流ちょうに読む①　50
　単語完成カードで学習しよう

流ちょうに読む②　51
　ことばさがしクイズで学習しよう①

流ちょうに読む③　52
　単語発見プリントで学習しよう

楽しく読む　53
　カードでつなげよう

● 特殊音節 ・・・

＜読み＞

音韻意識（読み）②　55
　音韻分解と音韻抽出の学習をしよう②

特殊音節を読む　56
　音記号カードで音のイメージをしよう

特殊音節の構造　58
　特殊音節のルールの学習をしよう

＜書き＞

音韻意識（書き）③　59
　同じ特殊音節を選ぼう

音韻意識（書き）④　60
　頭の中でむすびつけよう――「しゃ」のつく言葉

特殊音節を書く　61
　音記号カードで書こう

楽しく書く①　62
　単語組み立てゲーム

● 漢字単語 ・・・

＜読み＞

漢字の読み①　63
　イラストを利用しよう

漢字の読み②　64
　子どものエピソードを利用しよう

流ちょうに読む④　65
　ことばさがしクイズで学習しよう②

流ちょうに読む⑤　66
　あなうめクイズで学習しよう

意味の確かめ　67
　漢字単語を使って，自分の経験を話そう

＜書き＞

漢字の形①　68
　絵を手がかりに学習しよう

漢字の形②　69
　部品を組み立てて漢字をつくろう

漢字の形③　70
　足りない漢字を見て完成させよう

漢字の形④　71
　言葉の手がかりで学習しよう

楽しく書く②　72
　遊びを通して学習しよう

目次 第2章　学習のつまずきに応じた指導

●読解

指示語の理解 74
指示語を理解しよう

接続詞の理解 75
文をつなぐ言葉の理解をしよう

要点をつかむ① 76
要点と関係のない文を見つけよう

要点をつかむ② 77
原因と結果を考えよう

要点をつかむ③ 78
段落の要点を考えよう

●作文

指示語を使う 79
指示語を使って書こう

接続詞を使う 80
文をつなぐ言葉で作文をしよう

文章を構成する① 81
要点を書こう

文章を構成する② 82
原因と結果を書こう

文章を構成する③ 83
段落の要点を考えて書こう

3　算数 ——————————————84

●1年

10までの数 84
1から順に唱えよう

数の合成・分解 85
いくつといくつ？

とけい 86
何時何分？

ひき算 87
くり下がりの仕組み

順序数・集合数 88
まえになんにん　うしろになんにん

十の位，百の位 89
十進位取り記数法

100までの数 90
100までの数のならび方パズル

●2年

たし算の筆算 92
計算用紙の工夫①

長さ① 93
定規で直線をひこう

長さ② 94
およそ何cm？

大きな数 96
数直線のめもりをよむ

かけ算九九① 97
かけ算九九カードの工夫

かけ算九九② 98
大きな段の九九

三角形と四角形 99
向きが変わっても同じ形

●3年

かけ算の筆算 100
計算用紙の工夫②

円と球 101
コンパスでかこう

表とグラフ 102
棒グラフのめもりをよむ

第3章　障害特性に応じた指導 **目次**

●**4年** ・・・

直方体と立方体① 104
　立体を開いて展開図をつくろう

直方体と立方体② 105
　面や辺の平行・垂直

1より大きい分数 106
　仮分数と帯分数

2桁のわり算の筆算 108
　商の見当をつけよう

●**5年** ・・・

比例 109
　何かが変わると，何かも変わる──その関係は？

演算の決定① 110
　数直線に表そう：しくみ

演算の決定② 112
　数直線に表そう：かけ算の文章題

演算の決定③ 114
　数直線に表そう：わり算の文章題

倍数と約数 116
　約分ができる分数を見つけよう

百分率 118
　百分率（割合）

●**6年** ・・・

速さ 120
　数直線に表そう：速さの文章題

円の面積 121
　円の面積の公式と円周の公式

コラム1 低学年におけるひらがな音読の発達　54
コラム2 漢字単語の読みの支援教材の紹介　73
コラム3 算数における ICT 機器の活用　103

第3章　障害特性に応じた指導

1　SLD のアセスメントと指導のポイント————124

SLD（限局性学習症）とは　124
読みが困難な子どものチェックと指導　126
書くことが困難な子どものチェックと指導　128
計算することが困難な子どものチェックと指導　130
学年に応じた学習支援のポイント　132

2　ADHD のアセスメントと指導のポイント————134

ADHD（注意欠如・多動症）とは　134
不注意がある子どものチェックと指導法　136
多動がある子どものチェックと指導法　138
衝動性がある子どものチェックと指導法　140
ADHD の子どもの行事へのサポート　142

目次 第4章 トータルな学校生活の充実をめざして

3 ASDのアセスメントと指導のポイント ──────144

ASD（自閉スペクトラム症）とは　144
自閉傾向が強い子どものチェックと指導　146
アスペルガータイプの子どものチェックと指導　148
感覚過敏と感覚鈍麻のチェックと指導　150
将来へ向けたチェックと指導　152

4 小集団活動の指導のポイント ──────154

不器用な子どもへの対応　154
常識を身につける指導法　156
行事への参加　158
ICT機器を活用した指導　160

第4章 学校生活全体の充実をめざして

1 在籍級・在籍校との連携 ──────164

個別の指導計画の立て方　164
コンサルテーションのもち方　166
指導結果の共有　168

2 保護者の心理の理解と対応 ──────170

保護者との相談の基本　170
子どもへのかかわり方のアドバイス　172
進路選択へのアドバイス　174

3 子どもの心理の理解と対応 ──────176

発達障害がある子どもの心の支え方　176
二次障害を抱えた子どものケア　178
ストレスのケア　180
関係が築きにくい子どものケア　182

4 笑顔で通級できる学級づくり ──────184

通級をどう説明するか　184
特別な指導をうらやむ子どもへの対応　186
通級している子どもへの配慮　188

第1章

通級指導教室と特別支援教室

① 二つの教室の制度的な位置づけ

通級指導教室・特別支援教室とは
教室環境づくりのポイント
校内支援体制における通級担当の役割
対象児の判断はどのように行うか
保護者や子どもとの信頼関係づくり

② 指導につなげるためのアセスメント

アセスメントとは
アセスメントの観点
認知特性のアセスメントとは
子どもの総合的な特性理解の例
アセスメントから支援へ

③ 個別の指導計画

個別の指導計画のつくり方
アセスメントシートの記入例
個別の指導計画の記入例

二つの教室の制度的な
位置づけ

1

指導につなげるための
アセスメント

2

個別の指導計画

3

① 通級指導教室と特別支援教室

通級指導教室・特別支援教室とは

1．通級指導教室とは

　通級指導教室とは，通級による指導を行う教室です。通級による指導とは，小学校，中学校の通常の学級に在籍している，言語障害，情緒障害，弱視，難聴などの障害がある児童生徒のうち，比較的軽度の障害がある児童生徒に対して，各教科等の指導は主として通常の学級で行いつつ，個々の障害の状態に応じた特別の指導を通級指導教室のような特別の指導の場で行う教育形態のことをいいます。平成5年に学校教育法施行規則が改正され，正式な制度として始まりました（以下，本章の障害名の表記は文部科学省に準じます）。

●指導の対象と指導内容

　通級による指導の対象となるのは，言語障害，自閉症，情緒障害，弱視，難聴，学習障害，注意欠陥多動性障害，肢体不自由，病弱・身体虚弱のある児童生徒となっています。これらの障害の状態の改善または克服を目的とする特別の指導が必要とされる児童生徒が対象となりますので，特別支援学級や特別支援学校に在籍する児童生徒については通級による指導の対象とはなりません。

　また，特別の指導とは，障害の状態の改善・克服を目的とする指導である特別支援学校の「自立活動に相当する内容を有する指導」と，障害の状態に応じた「各教科の内容を補充するための指導」のことです。これらの指導を通常の学級の教育課程に加えたり，一部替えたりするなどして特別の教育課程による教育を行うことができます。指導時間は，年間35単位時間（週1単位時間）からおおむね年間280単位時間（週8単位時間）以内が標準とされています。なお，学習障害（LD）や注意欠陥多動性障害（ADHD）の場合は，月1単位時間程度でも指導上の効果が期待できる場合があるとされています。

●指導の形態

　通級による指導の形態には，児童生徒が在籍している小学校，中学校に設置された通級指導教室で指導を受ける「自校通級」，在籍している学校以外の学校に設置されている通級指導教室で指導を受ける「他校通級」，そして，在籍している学校に通級による指導の担当教員が訪問して指導を行う「巡回による指導」などがあります。

　「他校通級」は，児童生徒の移動による心身の負担や移動時の学習が保障されないなどの課題もあることから，教員の巡回による指導等を行うことにより自校で通級による指導を受けられる機会を増やすなど，の環境整備を図っていく必要があります。いっぽうで，「自校通級」には抵抗感があり，「他校通級」のほうが安心して指導を受けられる児童生徒がいることにも配慮が必要です。

2．特別支援教室とは

　特別支援教室は，「特別支援教室構想」として，平成15年3月の特別支援教育の在り方に関する調査研究協力者会議「今後の特別支援教育の在り方について（最終報告）」の提言を受け，平成17年12月の中央教育審議会「特別支援教育を推進するための制度の在り方について（答申）」において示されたものです。

●特別支援教室の形態

　特別支援教室構想は，小・中学校において，LD，ADHD，高機能自閉症等を含めた障害のある児童生徒が，原則として通常の学級に在籍し，教員の適切な配慮，ティーム・ティーチング，個別指導や学習内容の習熟に応じた指導などの工夫により，通常の学級において教育を受けつつ，必要な時間に特別の場で障害に応じた教科指導や，障害に起因する困難の改善・克服のための指導を行う形態です。例えば，以下のような3つの形態が想定されていますが，これらの形態の中間的なものや組み合わせたものなども考えられます。

○特別支援教室Ⅰ：ほとんどの時間を特別支援教室で特別の指導を受ける形態。
○特別支援教室Ⅱ：比較的多くの時間を通常の学級で指導を受けつつ，障害の状態に応じ，相当程度の時間を特別支援教室で特別の指導を受ける形態。
○特別支援教室Ⅲ：一部の時間のみ特別支援教室で特別の指導を受ける形態。

　各地域では，校内の人的配置を工夫して特別支援教室を運用したり，通級による指導と特別支援学級の活用を組み合わせて機能を持たせたり，通級による指導の担当者の巡回による指導を活用したりするなどの実践が行われています。

●特別支援教室がめざすもの

　特別支援教室構想がめざすものは，各学校に，障害のある児童生徒の実態に応じて特別支援教育を担当する教員が柔軟に配置されるとともに，LD，ADHD，高機能自閉症等の児童生徒も含め，障害のある児童生徒が，原則として通常の学級に在籍しながら，特別の場で適切な指導及び必要な支援を受けることができるような弾力的なシステムを構築することであると考えられます。

　特別支援教室構想が機能していくためには，通級による指導や特別支援学級担当等の教員の十分な配置，特別支援教室を担う教員の専門性の担保などの課題があります。

　インクルーシブ教育システム構築のためには，幼稚園から高等学校まで，通級による指導や特別支援教室構想のいっそうの充実が必要です。各地域の実情に応じた運用や活用の工夫が求められます。

1 通級指導教室と特別支援教室

教室環境づくりのポイント

1. 「ようこそ」の姿勢で迎える教室環境づくり

新年度，入学する小学校では，上級生たちが新1年生の教室を「入学おめでとう」「ようこそ○○小学校へ」などときれいに飾りつけをして迎えてくれます。通級指導教室や特別支援教室でも，「ようこそ」の姿勢で子どもたちを迎えましょう。

通級指導教室や特別支援教室を利用する子どもの多くは，在籍する通常の学級で，課題への対応や学習内容の理解が十分にできないなど，もっている力を発揮できず，失敗経験が積み重なることにより，不適応行動につながったり自信や意欲を失ってしまったりしています。学級でみんなと同じように学習できないから，学級には自分の居場所がないからなど，消極的な気持ちで通級指導教室や特別支援教室を利用するのではなく，もう1つの学校（教室）も何だか楽しそう，面白いことが待っていそうと思えるような教室環境づくりが大切です。

2. わかりやすい，学びやすい学習環境づくり

さまざまな物が煩雑に置かれている教室に比べて，余分な掲示物がなく整理整頓された教室の方が，子どもたちは落ち着いて，学習に集中できます。子どもの注意をひきつけてから簡潔に指示する，見やすい板書に心がけノートに写す時間を十分に確保する，子どもの興味関心をひく教材を積極的に活用するなど，わかりやすい授業づくりの工夫をすることが，子どもたちの学習意欲を高めていきます。こうしたわかりやすい，学びやすい教室環境の整備や授業の基本設計が，特別支援教育の基本です。

●授業は子どもの学び方に応じて修正・工夫する

子どもの実態に合わせたわかりやすい授業は，教師と子どもの信頼関係を生み，安心できる居心地のよい教室環境をつくっていきます。授業の内容を理解できるかどうかは，子どもの適応状態を大きく左右します。授業がわかれば達成感や成就感を得ることができ，学習への意欲と学力の向上につながっていきます。本来，子どもの学び方には，一人一人異なる特性があるはずですから，すべての子どもにわかりやすい授業というものが一律にあるわけではなく，学級の実態や個々の子どもの特性に応じて修正し，工夫しながら進める授業が，すべての子どもにわかりやすい授業づくりにつながっていきます。

子どもの学び方の実態にかかわらず，いつでもどの子にも同じ授業の進め方をしていないかどうかを振り返ることも重要です。わかりやすい授業とは，教師の指導のしやすさではなく，子どもが学びやすいということです。教授スタイルと学習スタイルが合わなければ子どもはうまく学ぶことはできません。子どもの学び方の実態に応じたわかりやすさの

追求が，指導力の幅を広げていきます。

　通級指導教室や特別支援教室における，わかりやすい学びやすい学習環境の工夫が通常の学級にも応用されていくことで，子どもの適応状態は改善されていきます。

3．子どもの学びたいという気持ちを大切に

●学びを保障する場として

　通級指導教室や特別支援教室を利用する子どもは，在籍する通常の学級で学習することに困難さを抱えています。例えば，学習内容が十分に理解できない，読むことや書くことに困難がある，一斉指示に従い集団行動がとれない，友達関係で思い違いからのトラブルが多いなどの理由が考えられます。

　そのような状態にある子どもにとって，通常の学級は安心，安定して生活することができない場所になってしまい，少しでも落ち着ける居場所として通級指導教室や特別支援教室が必要になる場合もあります。しかし，本来個別的な指導の場は，一時避難的な役割だけでなく，子どもの教育的ニーズに寄り添い，目的的，計画的に子どもの学びを保障する場であることが望まれます。

●できることが増える場として

　学習面や行動面における困難さに対しては，自分でどう対処したらよいかがわからないために，戸惑い，迷い，悩んだ結果，不適切な言動につながってしまうことも多いという視点に立ち，支援を考えます。間違えやできないことに気づかせるだけでなく，正しいことやできるための方法を具体的に，そして丁寧に教えていくことが基本となります。

　学習面や行動面でのうまく対処できない経験の積み重ねは，学校での適応状態に大きな影響を与えます。できていないことだけに注目して対応するのではなく，できていることを認め，得意な面をうまく活用して指導を行うようにします。

●自信をとりもどす場として

　さまざまな困難から失敗経験を繰り返していくと，意欲や自信を失い，自己評価も低くなっていきます。子どものプライドや自尊感情にも配慮し，学びたいという気持ちを大切にする必要があります。自分だけ特別扱いされることが，逆に心の痛手にならないように，本人には十分に説明し，納得のうえで進めることが大切です。友達の何気ない一言により心が傷つき，不適応状態を招いてしまうこともあります。障害特性などに関する基本的な理解は，教師だけでなく，学級の子どもたちや保護者にも進めていく必要があります。

① 通級指導教室と特別支援教室
校内支援体制における通級担当の役割

1．校内の支援体制づくりの推進役としての役割

　通級指導教室の担当教員は，障害児教育や特別支援教育の専門性があるという立場から，特別支援教育コーディネーターに指名される場合が多くみられます。特別支援教育コーディネーターにならない場合でも，その専門性から校内の支援体制づくりのキーパーソンとしての役割が期待されます。

●特別支援教育コーディネーターの役割

　特別支援教育コーディネーターは，校内・校外の教育資源を適材適所にうまく活用し，効率的な役割分担をコーディネートすることにより，学校全体の組織・チームによる支援体制を機能させる役割を担います。さまざまな課題を抱える特別な教育的支援の必要な子どものアセスメントの仕方や指導方法などに関する専門性を身につけるとともに，子ども本人や保護者，学級担任等の教育相談を受けることができる相談スキルや，校内の支援体制を組織的，計画的に運営していくマネージメントスキルなどの力量も高めていくことが大切です。

●1人で動くのではなく，人を動かすキーパーソンに

　特別支援教育コーディネーターが1人でできることには限界があります。また，通級指導教室の担当教員等が，子どもの指導時間を削ってまで特別支援教育コーディネーターの仕事をこなすことには無理があります。特別な教育的支援の必要な子どもの相談や指導，保護者や学級担任との教育相談，校内委員会の運営や個別の指導計画の作成，外部の関係機関との連携等をすべて1人で丸抱えしていては，校内の支援体制は機能的には動きません。学級担任等が子どもにうまく指導・支援できるように，校内の支援体制をうまく機能させることをめざします。

　このように，校内の支援体制をうまく機能させるためには，特別支援教育コーディネーターが先導するのではなく，教職員各自が自分の問題として考えることができるように，子どもの指導・支援についての話し合いを推進し，学校全体として組織的な問題解決が図れる力量をつけていくことが大切です。

2．校内委員会の機能充実の必要性

　文部科学省では毎年，国公私立の幼稚園・小学校・中学校及び中等教育学校を対象として「特別支援教育体制整備状況調査」を実施しています。現在の調査対象になった平成19年度以降，比較できるすべての項目で前年度の結果を上回り，全体としては体制整備が進んでいます。ここ数年は，校内委員会の設置や実態把握の実施，特別支援教育コーディネ

ーターの指名等は，いずれも実施率は高い水準に達しています。

　しかし，校内委員会の年間開催回数状況をみると，半数以上の学校は年間3回以下の開催にとどまっています。開催が0回という学校もあります。校内委員会を設置はしていてもまったく機能していない学校があるということです。

　校内委員会の機能については，文部科学省が平成24年12月にまとめた「通常の学級に在籍する発達障害の可能性のある特別な教育的支援を必要とする児童生徒に関する調査」においても取り上げられています。この調査結果では，「学習面又は行動面で著しい困難を示す」とされた児童生徒（推定値6.5パーセント）のうち，「校内委員会において，現在，特別な教育的支援が必要と判断されている」児童生徒の割合は18.4パーセントにとどまりました。また，「現在，過去において支援がなされている」児童生徒の割合は約60パーセントであり，その多くは教室内における担任等によるもので，通級による指導や支援員の活用，教室以外の場における個別の配慮・支援は少ないという結果でした。これらの結果は，「学習面や行動面で著しい困難を示す」児童生徒に対して，校内委員会において特別な教育的支援が必要であるという判断が十分にできておらず，校内の教育資源や支援体制を活かした特別支援教育の充実にはまだ課題があることを示しています。

3．校内委員会を中心とした支援体制づくり

　校内委員会の役割は，特別な教育的支援を必要としている子どもに対して，これまで取り組んできた対応についての情報を整理し，今後の適切な支援の在り方について検討することです。そして，教職員間で共通理解に立ち，協力体制のもと具体的な対応ができるように校内の支援体制を考えていくことです。その際，対象の子どもが在籍する学級全体への支援も含めた授業づくりや学級経営，生徒指導のあり方，直接指導に携わる学級担任等への支援についても検討していくことが大切になります。例えば，学期ごとや月ごとなど定期的に支援の状況を確認する定例会議の開催も重要ですが，子どもの課題への対応は先延ばししないように，必要なときにすぐに会議を開ける機能性も重視することが大切です。

　多忙な教職員が適時性で運営してくためには，短時間で効率よく迅速に対応できるフットワークのよさも求められます。特別支援教育コーディネーターが必ず招集するということではなく，校内委員会のメンバーが必要と考えたときに，集まれるメンバーだけですぐに開催できるような柔軟性もあるとよいでしょう。専門性のある教職員がリードする組織から，組織そのものの機能性，専門性が高まっていくことが期待されます。

① 通級指導教室と特別支援教室
対象児の判断はどのように行うか

1．校内委員会等における総合的な判断
●通級による指導の対象とする子どもの判断

　通級による指導の対象かどうかの判断は，通常の学級における子どもの学習状況について十分に把握し，校内委員会等で検討するとともに，教育委員会の専門家チームや巡回相談等を活用するなど，客観性をもって行う必要があります。特に，LDやADHDのある子どもの場合には，通常の学級での配慮や工夫により状況の改善が可能な場合も多くあります。診断がある子どもが必ず不適応状態になるわけではありませんから，通級による指導の対象か否かについては，医学的な診断のみにとらわれず総合的に判断することに留意が必要です。

●特別支援教室での指導の対象とする子どもの判断

　特別支援教室も，各学校において，LD，ADHD，高機能自閉症等のある子どもも含め，障害のある子どもが，原則として通常の学級に在籍しながら，特別の場で適切な指導及び必要な支援を受けることができるような弾力的なシステムです。通常の学級において，教員の適切な配慮，ティーム・ティーチング，個別指導や学習内容の習熟に応じた指導などの工夫により教育を受けつつ，必要な時間に特別の場で障害に応じた教科指導や，障害に起因する困難の改善・克服のための指導を行う形態ですから，通級による指導の対象と同様に，通常の学級における子どもの学習状況を十分に把握し，校内委員会等で特別な教育的支援の必要性について検討し，総合的に判断します。

2．個人が抱える課題と学習環境に関する課題の両面から
●判断のための材料

　子どもの適応状態の背景には，子ども個人が抱える課題と，教師や周りの子どもとの人間関係や学習環境に関する課題の両面が影響していることを常に念頭に置いておく必要があります。

　子ども個人が抱える課題としては，例えば，言語理解や表現力の弱さ，読み書きの苦手さ，不注意傾向や集中のむずかしさ，学習意欲の欠如や興味関心の偏りなどが考えられます。発達障害等の認知や行動の特性が起因している場合もあれば，虐待等の家庭環境の問題，個人の性格特性が影響している場合もあります。いっぽう，学習環境に関する課題には，教師の配慮不足，一貫性のない対応，いじめやからかい，落ち着きのない学級，わかりにくい授業など子どもたちが安心して学習に取り組みにくい学習環境があります。

　通級や特別支援教室での指導の対象として適当かどうかの判断を行う際には，こうした

子どもが在籍する通常の学級の教室環境や学習状況についても，判断のための材料として検討する必要があります。

●なぜ両面からの判断が必要か

特別な教育的支援を必要とする子どもに対する個別的な支援を考える際には，周りの子どもへの支援も含めて考えていく必要があります。

通常の学級において，個別的な支援を必要とする子どもは1人，2人だけとはかぎりません。常に配慮を必要としなくても，時により場面により配慮の必要な子どもは少なからず存在しています。学級担任が特定の子どもへの個別的な対応に時間も労力も費やしてしまうと，そうしたちょっとした配慮を必要とする児童生徒への対応がおろかになってしまい，学級全体が落ち着かなくなり，荒れにもつながってしまう場合があります。言葉遣いや態度が気になる場合には，学級全体，学校全体で取り組むべき課題として，集団づくり，仲間づくり等の人間関係を学ぶ機会を積極的に取り入れていく必要もあります。特定個人への対応だけでなく，在籍級が，子どもが落ち着いて学習できる教室環境になっているか，教師や友達との関係は安心感が得られるものになっているか，授業はわかりやすく取り組みやすいものになっているか等，学級全体への支援も工夫していくことが大切になります。

3．個別的な指導の場は連続性のある学びの場として

通級指導教室や特別支援教室は，子どもが安心して学習できる場でなければなりませんが，生活の場とは異なる特別な場であることを意識しておくことも必要があります。教室で一緒に学ぶことがむずかしいので個別的な指導の場で，という安易な選択は，目的的，計画的とはいえません。通常の学級とは別の場所で学ぶことに対する本人のプライドや自尊心にも配慮が必要です。個別的な指導の必要性について，本人をはじめ保護者，教師等のニーズも確かめたうえで，校内委員会等で目的と計画について十分に検討して判断することが重要です。

通級指導教室や特別支援教室における個別的な指導の目的は，あくまで通常の学級における学習活動を補完する役割にあります。個別的な指導の場では状態が安定しても，通常の学級における子どもの困難さが改善していかなければ，目的を果たせているとはいえません。通級指導教室や特別支援教室における専門的な指導が，子どもへの個別的な指導だけにとどまらず，通常の学級における障害特性に応じた支援の方法や学習指導，生徒指導のあり方などの支援につながることが望まれます。指導の対象となる子どもにとって，個別的な指導の場が，通常の学級と連続性のある学びの場であることが重要です。

① 通級指導教室と特別支援教室
保護者や子どもとの信頼関係づくり

1．早期からの十分な情報提供

　子ども一人一人の教育的ニーズに応じた支援を保障するためには，乳幼児期を含め早期からの教育相談や就学相談を行うことにより，本人・保護者に十分な情報を提供することが必要です。特に，障害のある子どもの就学先決定の仕組みが変わり，就学時に決定した「学びの場」は固定したものではなく，それぞれの子どもの発達の程度，適応の状況等を勘案しながら柔軟に転学ができることも，情報提供としておさえておく必要があります。

　就学に関する相談に際しては，多くの保護者が子どもの障害や現在の状態に戸惑いを感じ，就学先の決定に対しても不安を抱いています。そのような気持ちを十分にくみ取り，保護者が精神的に負担感を感じないように，安心して相談を受けることができる環境や雰囲気づくりを工夫するなど，保護者の気持ちを大切にした相談を行うことが大切です。

●小学校入学にあたって

　保護者との教育相談において心がけたいことは，保護者が心を開いて話ができるように静かで安心できる環境に配慮すること，限られた時間のなかで，できるだけ信頼関係が構築できるようにすること，質問と応答に終始しないように保護者の思いに耳を傾けること，互いに持ち合わせている情報を可能な限り共有できるようにすることなどが重要です。

　障害の有無や問題行動の原因を見つけるのではなく，保護者の抱えている悩みを受け止めるという姿勢が必要です。そのためには，子どもができるようになったことや，得意なこと，好きなことを見つけたり，保護者がうまくかかわっている点などを評価したりするなどして，保護者の不安を和らげることに配慮することが大切です。

　保護者のなかには，就学前からさまざまな機関に相談し助言を得ながらも，悩みや不安を解消できずにいる方もいます。そのような保護者の悩みや不安に応えるためには，校内だけでなく，教育，医療，福祉，保健等の専門家や専門機関による適切な教育相談の体制を整える必要もあります。

2．保護者と一緒に育てる姿勢で

●小学校入学後のかかわり

　就学後も，保護者の障害理解や心理的安定を図るため，保護者の気持ちに寄り添った支援を行うことが重要です。保護者が学級担任や学校に相談する気持ちをもてるようにするためには，まず信頼関係を築くことから始めます。日常的に情報交換を行い，互いに話しやすい関係をつくっておくようにします。学校は家庭の問題を指摘して学校の考えを一方的に押しつけ，保護者は学校の対応への不満を述べ，話し合いが平行線になることは，最

も避けたいことです。解決を焦り，目先の対応に追われることのないように，少し時間を
かけてじっくり話し合うことが合意形成につながります。一緒に考えてくれているという
姿勢が信頼関係につながっていきます。専門機関への相談を勧める場合にも，個に応じた
指導の充実のために学校も専門家からの助言を必要としており，連携・協力しながら一緒
に育てていきたいという旨を十分に伝えて，保護者の理解を図るようにします。

●保護者の孤立感を支える

　保護者の不安定さは子どもの不安定さに大きく影響します。問題を共有し，保護者と学
校が連携してお互いに支え合うことが大切です。

　保護者への支援については，保護者の立場になって考えてみる姿勢が大切です。子ども
の支援を考えたいと思う学校や学級担任は，子どもの教育的ニーズについて保護者と共通
理解を図るために，授業参観や面談でいつでも話し合う機会を設ける旨を保護者に伝えま
す。しかし，保護者からすれば，自分の子どもがきちんと学べていない授業参観には，つ
い足が遠のいてしまうものです。「自分の子どもだけ」という保護者の孤立感に対する支
援が必要になります。

　教師と保護者が信頼関係を構築するためには，子どもの長所に注目し，それを共通理解
することが第一です。子どものよい面を認めてくれる教師に保護者は信頼を置きます。子
どものよい変化をできるだけこまめに伝えていくようにします。また，保護者の願いを受
け止めること，これまでの子育てを否定したり責めたりしないことも大切です。家庭と学
校で子どもが見せる姿は必ずしも同じではありません。場面による違いも本人の実態と捉
え，家庭と学校が互いに見えない知らない情報を交換し，それぞれの子どもの姿を共通理
解することで子どもの実態が見えてきます。

3．子どもが話しやすい雰囲気づくりが大切

　支援にあたって子ども本人との合意形成も大切です。子どもが出しているさまざまなサ
インに対して気づきをもつことから始め，「いつ」「どこで」「どのような時」「どんな問題
が起きるか」，つまずきや困難の様子を具体的に把握しておくことが，本人の教育的ニー
ズをつかむことへとつながります。

　困っていることがあっても，子どもが自分から相談に来ることは，むずかしい場合もあ
ります。子どもたちにとって話しやすい雰囲気を，教師との関係や学級全体につくってい
くことが大切です。日頃から子どもたちにすすんで声をかけ，ちょっとした変化に気配り
をしていくことで，安心感のある信頼関係をはぐくみ，相談しやすい雰囲気をつくります。

② 指導につなげるためのアセスメント
アセスメントとは

1．何から子どもの支援を始めるか

　通級指導教室や特別支援教室の担任として，子どもの支援は何から開始すればよいでしょうか。特別支援教育が開始されてから，指導目標や指導計画を立てることに力が注がれるようになりました。しかし，ここで最も大切なプロセスは，指導目標や指導計画を立てるに至るまでの「子ども理解」です。子どもの困難さへの気づきは，日々のかかわりの中で比較的容易に得ることができますが，気づきから適切な支援の方針へつなげることはけっして容易なことではありません。通級指導教室や特別支援教室の担任には「子ども本人や保護者，在籍級の担任が感じている子どもの困難さを軽減するには，どのような指導方略や環境調整が適しているか」をアセスメントすることが求められます。このアセスメントなくしては，適切な支援は始められないといってよいでしょう。

2．アセスメントの意義

　アセスメントとは，査定，評価，診断といった意味で用いられる言葉です。教育の領域においては，「この子どもは，どのような子どもなのか」といった，子どもを理解するための実態把握と考えるとわかりやすいと思います。

　「どのような子どもなのか」とは，状態像（例えば漢字の学習が苦手）の把握だけでなく，その困難さの背景要因となる特性を把握することも含まれます。一見同じ困難さにみえても，子どもによっては困難さの原因は異なることがあるため，子どもの特性をしっかり把握しておかないと適切な支援が行えません。

　特性の理解というと，知能検査や認知検査などの心理教育的な検査によるアセスメントが真っ先に思い浮かぶかもしれませんが，子どもの実態を把握するための情報収集は，日常の学校生活の中でも行うことができます。大切なことは，子どもをたったひとつの情報から判断するのではなく，複数の視点で捉え多角的に理解をするということです。

困難の背景によって適切な支援は異なる

Aさん

漢字の学習が苦手。
視覚認知が弱く，
文字の形をとらえることが苦手。

・文字の形や書き方を
　呪文のようにして覚える

Bさん

漢字の学習が苦手。
手先が不器用で字形が整わない。

・漢字の記入欄を大きくする
・握りやすい筆記用具を工夫
　（軸が三角の鉛筆など）

3．支援のプロセスとアセスメント

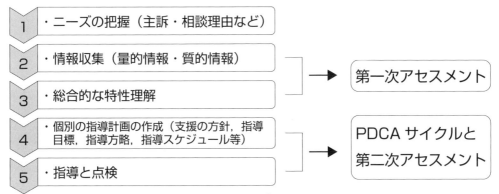

図1　支援のプロセス

支援のプロセスを，図1に基づいて説明します。

1 ニーズの把握：ニーズとは，主訴，困難さ，相談理由などとも言いかえることができますが，いずれにしてもこれが支援の出発点になります。日常生活の中から子どもの困難さに気づくことが，支援のプロセスの第1段階です。

2 情報収集：困難さの背景にある子どもの特性をより深く把握するために情報収集をします。必要な情報は多岐にわたりますが，大きく2つの種類に分けることができます。

・量的情報……学力テストや知能検査などから得られた数値的な情報です。当該学年の平均値との比較やその子どもの領域ごとの得意・不得意の理解に役立ちます。

・質的情報……日頃子どもが見せる学習上または生活・行動上の様子から得た情報です。テストや検査では把握しきれない特性もあるため，大切な情報の1つです。

3 総合的な特性理解：子どもの特性を理解するには，量的情報と質的情報の両面からの考察が必要となります。学力テストや検査の結果は，行動観察から得られる質的情報に裏打ちされて妥当性を深めますし，観察される子どもの行動の背景要因は，検査結果が示唆することが多いものです。情報収集（第2段階）から特性理解（第3段階）までが，第一次アセスメントの部分となります。

4 個別指導計画の作成，5 指導と点検：第4段階，第5段階では，第一アセスメントに基づいて個別の指導計画を作成し，指導をおこないます。ここでは，PDCAサイクル（Plan-Do-Check-Act）を用いて柔軟な指導の振り返りと点検が求められます。子どもの特性に配慮して作成した指導計画であっても，実際におこなったところ思うような効果が得られないことも少なくありません。指導の方略や目標設定に対して，子どもの反応がどのようであったかをしっかり振り返ることが必要となります。これが第二次アセスメントになります。

2 指導につなげるためのアセスメント
アセスメントの観点

1．多角的なアセスメントの必要性

第一次アセスメント（P19．支援のプロセスの第2段階と第3段階）において，子どものアセスメントを行うときの観点を図2に示しました。

これら複数の情報は多く集めるにこしたことはありませんが，子どものニーズや状況に応じて，柔軟に加減していくとよいでしょう。

例えば，同じように学習面のつまずきが気になる子どもでも，友達関係が良好でコミュニケーションが円滑にとれる子どもの場合，社会性に関する情報は積極的に集める必要はないかもしれません。しかし，こだわりが強く対人関係のトラブルが多い子どもの場合は，学力や認知能力のほかに社会性についてもアセスメントをすると，より深く子どもを理解することができると考えられます。

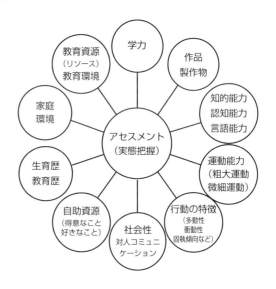

図2　さまざまなアセスメントの観点

2．さまざまなアセスメントの観点

●学力

学力は，通常，日常の学校生活の中で実施するテスト（標準化されたもののほか，教師自作のものも含む）や子どもの製作物，ノートなどから把握します。

また，学力を測定するための標準化された検査の活用も考えられます。教研式標準学力検査（発行：図書文化社）では，相対評価によって全国の当該学年の中での子どもの位置が把握できるNRTと，絶対評価で観点別に学習状況を把握できるCRTの2つのテストがあります。日本版KABC-Ⅱ（発行：丸善出版）の習得尺度検査は，読み書き，算数，語彙の能力を測るだけでなく，認知尺度検査と併せて，認知能力と学力の間のバランスをも把握できるように工夫されており，指導方略を立てる際に有用だといえます。

●知的能力，認知能力，言語能力

子どもの困難さの背景を理解するためには，知的能力や認知能力の把握も不可欠です。子どもの知的能力や認知能力を的確にアセスメントできる検査としては，日本版WISC-

Ⅳや，前述の日本版 KABC-Ⅱ，DN-CAS などがあげられます。その他，子どものニーズに合わせて，視知覚検査，視機能検査，言語能力検査なども活用するとよいでしょう。

●社会性

子どもの中には，生活・行動面での問題が学習面以上に目立つケースも少なくなく，通級指導教室や特別支援教室での指導にも生活・行動面に焦点をあてた内容が必要となります。対人関係のトラブルの頻度だけに着目するのではなく，何がきっかけになっているか，どのような傾向があるかを見極めることが大切です。子どもの社会性や対人関係を把握するためのチェックリストとして，「S-M 社会生活能力検査」「ASA 旭出式社会適応スキル検査」などがあります。

●行動の特徴

行動面の特徴は，対人関係や学習面など多方面に影響を与えます。子どもの集中力や多動性，衝動性などにも目を向けるとよいでしょう。学習内容のレベルはそのままで，一度に与える問題の数をその子どもの集中の度合いに合わせて調整しただけで，学習の効果がみられた例もあります。また，柔軟な思考を妨げる固執傾向の有無なども日頃の様子から把握しておくとよいでしょう。

●運動能力

手足をうまく協応させてバランスよく滑らかに動かすことは，体育の授業だけでなく外遊びや集団行動でも求められます。また，手先の巧緻性は，ハサミやコンパスなどの道具の扱いのほか学習全般にかかわる筆記技能にも大きく影響を与えます。子どもの運動能力のアセスメントには，粗大運動，微細運動の両側面の観点をもつとよいでしょう。

●その他

指導をおこなう上ではマイナス面だけに目を向けるのではなく，子どもの得意なことや好きなこと（自助資源）を知っておくと，モチベーションの維持などに役立ちます。

また，子どもの現在の情報だけでなく，保護者から生育歴を聞き取るなど過去の情報もアセスメントには大切です。入級審査時の情報などを活用しながら，できる範囲でアセスメントできるとよいでしょう。さらに，子どもを取り巻く環境として，家庭環境や在籍校における特別支援教育に関するリソース（特別支援教室や種々の教材・教具などのハード面と人的資源やシステムの構築などのソフト面）を把握しておくと，現実に即した支援の方針が立てやすいでしょう。

② 指導につなげるためのアセスメント

認知特性のアセスメントとは

　子どもの問題が学習面，生活・行動面のいずれにある場合でも，子どもの知的水準や認知特性を把握することで理解が深まり，支援の方向がみえてきます。ここでは，前述した検査で得られた情報から，子どもの認知特性をアセスメントする際のポイントを示します。

●**個人間差と個人内差**

　子どもの知的能力や認知能力は，個人間差と個人内差から把握します。

　個人間差の視点からは，その子どもの全般的な知的水準や各領域の能力の水準が，同年齢集団の中でどの位置にあるかを把握することができます。いっぽう，個人内差の視点からは，その子どもの得意・不得意がどの領域にみられるかが把握できます。個人内差が大きいと領域による能力のアンバランスさが顕著になるため，子どもの能力の水準や特性について誤った判断がされることがあります。例えば，得意とする高い能力を基準にして不得意な領域の困難さは本人の努力不足であると考えたり，逆に，苦手な領域にばかり注目して潜在的に持っている高い能力に気づかなかったりといったことです。このような過大評価や過小評価は，子どもの不全感につながりますから気をつける必要があります。

●**聴覚処理 VS 視覚処理**

　私たちの周りにはいろいろな情報（刺激）が存在しますが，私たちは通常それらの情報を無意識のうちに状況に合わせて処理しています。例えば音声は聴覚的に処理され，テキストや黒板の文字情報やイラストは視覚的に処理されます。これらの聴覚刺激の処理と視覚刺激の処理の能力間に明らかなアンバランスさがある場合，円骨に学習活動や集団活動を行うことはむずかしくなります。

　両者にアンバランスがある場合は，弱い能力を強い能力で補えるよう支援を考えるとよいでしょう。例えば聴覚処理が苦手な場合は，要点を箇条書きにしたり図示したりして視覚的に理解しやすいよう工夫すれば，よいサポートになります。

●**結晶性知能 VS 流動性知能**

　知的活動には，経験や知識などこれまで獲得してきたものを上手に活用して課題解決するものと，新しい場面において与えられた情報やルールに即して思考や推理をおこない課題解決するものとがあります。前者で必要とされる能力を結晶性知能，後者を流動性知能と呼ぶことがあります。子どもによってはこれらの能力が必ずしもバランスよく身についているとは限りません。例えば，低学年のときに知識が豊富で勉強がよくできると目される子どもが，推理力や思考力の点に弱さがあり，応用力を問われることが増える高学年以降，学習が伸び悩む場合があります。

●継次処理 VS 同時処理

　情報の与え方を変えるだけで，情報の処理にかかる負荷も変わります。例えば初めての場所に行く場合，道順をどのように教えてもらえばわかりやすいでしょうか。「○○通りを直進して××交差点を右に曲がって……」というように，行き方を順序通りに話してもらった方がわかりやすい人もいれば，地図を広げて，現在地と目的地に印をつけてもらった方が助けになるという人もいるでしょう。

　情報を時系列に沿って順番に処理していくことを継次処理，情報を関連づけながら空間的に処理していくことを同時処理といいます。どちらかの処理に苦手さをもつ子どもの場合は，もう一方の処理を使って課題内容を理解させたり作業をおこなわせたりするとよいでしょう。日頃の子どもの様子や認知検査の結果から，子どもが得意とする認知処理様式を把握しておくと，指導方略を立てるときの参考になります。

●短期記憶 VS 長期記憶と検索

　発達に偏りを持つ子どもの中には，記憶につまずきをもつ子どもが少なくありません。記憶には，情報を短時間だけ保持する短期記憶と，まとまった時間を経ても情報を保持し続け時間をおいて想起し活用する長期記憶があります。短期記憶には，初めて触れる情報を機械的に次々覚える能力だけでなく，複数の情報を念頭において参照しながら思考を行うといったワーキングメモリーの力も関与します。また，長期記憶は，その情報を必要とするタイミングで想起し活用する能力が求められます。

　記憶力の弱さが想定される場合，どのような情報を保持することが苦手なのかをアセスメントすることが大切です。さらに，記憶する情報が無意味刺激（ランダムな数字の羅列や幾何模様のような特定の意味を付加していない刺激）である場合と有意味刺激（イメージしやすい具体的なものや既存の知識と関連づけしやすい刺激）である場合とで，記憶の様子に顕著な差異がないかどうかも，アセスメントの大切な視点です。

　以上，認知特性を把握するための観点を述べてきましたが，それ以外にも，課題解決の効率のよさや方略の工夫，作業の素早さなどの力も忘れてはならないポイントです。日頃の学習の様子や検査課題への取組みからしっかり把握しておきましょう。

② 指導につなげるためのアセスメント
子どもの総合的な特性理解の例

(1) 事例の概要

A君は小学校3年生の男児です。現在，通常の学級に在籍していますが，授業中落ち着きがなく，忘れ物や整頓の悪さなども目立ちます。中学年になり学習にも遅れが目立ち始めたため通級指導教室を利用することになりました（主訴）。検査（日本版WISC-Ⅳ）は，地域の教育相談室で実施され，入級判定会議の資料になりました。この検査結果を，通常の学級や通級指導教室での指導計画をたてる際の資料として活用していきます。

(2) 検査結果

表1　A君の日本版WISC-Ⅳ検査結果

	合成得点	パーセンタイル順位	90%信頼区間	記述分類
全検査(FSIQ)	92	30	87-98	平均の下-平均
言語理解(VCI)	84	14	76-93	低い(境界線)-平均
知覚推理(PRI)	109	73	101-115	平均-平均の上
ワーキングメモリー(WMI)	76	5	71-85	低い(境界線)-平均の下
処理速度(PSI)	104	61	96-111	平均-平均の上

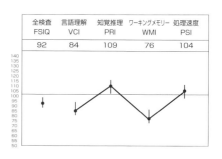

(3) 日常の様子

日常のA君の様子を，表2のようにまとめました。観点は文部科学省によるチェックリストなどを参考にしています。

表2　A君の日常の様子

	学習面		生活・行動面		運動面
聞く	聞き漏らしが多く指示どおりにできない。	注意力集中力	会話の途中で急に話題を変えたり，ほかのことに気をとられることが多い。	粗大運動	野球チームに入っており運動は好き。動作はやや雑なところがある。
話す	おしゃべりは好きだが，言葉がとっさに思い出せず指示語や擬音が多い。	多動性	貧乏ゆすりや手遊びが目立つ。1年生のときは離席も多かった。	微細運動	器用な方ではないが工作などは好き。
読む	時々，勝手読みがあるが大きな問題ではない。	衝動性	指名される前に発言することが多い。		
書く	書字が雑で書き順が不正確なところがある。	忘れ物整理整頓	忘れ物が多い。机の中は雑然としている。		
計算する	指を使って計算することがある。	固執性切り替え	特別，強いこだわりはみられない。		
推論する	物事の関係性に気づくことができる。文章題の題意の理解も悪くはない。	対人関係	時々ケンカをすることがあるが仲のよい友達がいる。		

（4）子ども理解のための総合的な解釈

　子どもの実態を把握するには，検査で得られた情報と日常の様子とを照らし合わせて総合的にアセスメントすることが大切です。

　A君は，日頃，落ち着きがなく授業に集中できない様子で学習も遅れがちですが，明らかな知的遅れは感じられません。表1の検査結果でも，A君のFSIQは92（90％信頼区間87-98）で全般的な知能水準は同年齢の子どもの中で平均的であり，この点は検査結果と一致しています。ただし，領域ごとの検査結果から，A君の能力にはばらつきが大きいことがわかりました。

　A君は，言語理解指標（VCI）とワーキングメモリー指標（WMI）に弱さが見られます。この2つの指標は，言語能力や聴覚的短期記憶に関わる能力を測定していますが，A君が日頃みせる様子においても「聞く」「話す」といった領域につまずきがあることや計算をするときに指を使って記憶を補うことがあり，検査結果を裏づけています。

　そのほか，A君は獲得している語彙や知識に乏しさは見られますが，推理する課題では平均以上の力を発揮することができ，その点も検査結果と日常の様子が一致しました。

　他方，検査場面と日常場面での相違点は，集中の様子にありました。A君は，貧乏ゆすりなどがあるものの，日頃の様子と比較して，検査場面では課題によく集中できていました。これは，妨害刺激の少ない検査環境や非日常的な場面の適度な緊張が集中によい効果をもたらした可能性が考えられます。このことから，指導場面での刺激の軽減の工夫や個別形式の指導の導入を検討するといった環境面での配慮も重要であることがわかりました。このように，検査結果を日常の様子で裏付けるだけでなく，両者の相違点からも支援の方針の示唆を得ることができます。

（5）アセスメントから支援の方針へ

　以上のことから，A君の主訴である落ち着きのなさの背景要因として，聴覚的短期記憶や注意・集中に関わるワーキングメモリの弱さが推察されました。また，推理する力と比較して言語や知識の力の弱さが学習の遅れにつながっている可能性が見えてきました。このように，検査結果で得られた情報を基に，主訴の背景となっている特性を十分に考慮して個別の指導計画を立案していくとよいでしょう。支援の方針を考える際には，子どもの強みにも着目して，得意な力を十分に発揮できるよう配慮することも忘れてはなりません。

　このように，個別知能検査等で得られたアセスメントの結果と，教師の日常の観察を関連づけながら，子どもの理解を深めていくことが大切です。

② 指導につなげるためのアセスメント

アセスメントから支援へ

1．支援の優先順位と学習意欲への配慮

　子どものニーズや特性の理解に基づき，個別指導計画を作成して支援を始めますが，子どもによっては支援すべきことが山積みで，何から支援を始めたらよいか迷うことがあります。また，在籍学級の担任や保護者のニーズと子ども本人のニーズがそれぞれ異なり，どこに指導の焦点をあててよいか悩むこともあるでしょう。例えば学力の遅れが目立ってきた子どもが，劣等感や不全感で学習に対してのモチベーションが下がっているとしたら，苦手な課題ばかりに取り組ませるのではなく，得意な領域も織り交ぜながら指導の内容を準備するという判断が必要です。また，困難の度合いが弱いものから取り組ませ，小さな成果を早く出すことで学習に対するよいイメージをもたせることも大切です。さらに，子どもが関心をもっている事柄や好きなことを把握していれば，それに関連づけた問題設定や教材作成が可能ですし，集中できる時間がわかっていれば，それに合った課題の組み方もできます。

　導入がうまくいくかは，その後の指導に大きな影響を及ぼします。子どもが指導内容に関心をもって「これなら，できそう」「この方法ならやってみたい」という気持ちになることができるよう留意するとよいでしょう。

2．指導結果のアセスメント（第二次アセスメント）

　「支援のプロセス」（P19参照）で示したように，アセスメントには2つの段階があります。指導結果を吟味する第二次アセスメントの段階では，毎回の指導における子どもの反応がアセスメントのための大切な情報となります。

　振り返りのポイントとしては，①特性理解が適切であったか，②指導方略は子どもに合っていたか，③指導目標のレベル設定は適切であったか，などがあげられます。また，指導において，子どものモチベーションが維持されているか，指導の成果が子どもの自己効力感につながっているかといった側面からも振り返ってみる必要があるでしょう。

3．チーム支援の中でのアセスメントの活用

　子どもの支援には複数の支援者がかかわっています。在籍学級の担任をはじめ，在籍校の特別支援教育コーディネーターや管理職，学習支援員など，そして教育相談室，医療機関などの外部機関の担当者もあげられるでしょう。支援者は，それぞれの立ち位置の違いにより子どもの異なる側面をみていますから，互いの情報を補い合いながら，集約された情報を共有し，指導目標に至る過程の中で支援を役割分担するとよいでしょう。

例えば，他者との円滑なコミュニケーションを身につけるために，まず通級指導教室で，小集団や個別指導の形態でソーシャルスキルトレーニングをおこない，「あたたかい言葉かけ」「仲間の入り方」「相互的な話し方」などの対人スキルを学びます。次に，指導の中で学んだスキルを通常の学級で友達と関わる場面に活用していくといった流れが考えられます。

まずは通級指導教室等で本人に合った学び方で触れさせて，そのスキルや方略を通常の学級につなげていくとよいでしょう。この橋渡しを円滑におこなうためには，それぞれの場での教員間の柔軟な連携が不可欠となります。通級指導教室で指導した内容は，在籍学級の担任にしっかり伝達する必要がありますし，在籍学級の担任は，その内容が在籍学級の中でどのくらい生かされているかを通級指導教室の教員と情報交換するとよいでしょう。

対象となる子どもへの配慮や支援については，さらに全校で共通理解しておく必要もあります。子どもが自校通級の場合は，通級指導教室や特別支援教室の教員が校内委員会に参加しやすいですが，他校通級の場合でも通級指導教室での様子について情報提供を求められることがあります。このようにチームによる支援体制の基盤となるのが，子どもの実態を的確にとらえたアセスメントなのです。

4．アセスメントと合理的配慮

合理的配慮とは，子どものニーズや特性をふまえて子どもが活動に参加できるよう配慮することです。施設等の整備やICTツールなどの使用のほか，子どものニーズに即した教材や指導方略の準備を指します。何が合理的配慮になるかは，子どものニーズによって異なるため，子どもが身を置く環境や活動内容についてのアセスメントも必要です。

合理的配慮のためには，アセスメントした情報から，子どもが活動に参加するときに障壁（バリア）になりうるものがあるかを，まず点検するとよいでしょう。例えば，漢字の読みがなかなか習得できない子どもは，国語だけでなくどの教科においても文字情報にアクセスすることが困難です。そこで教科書や資料にふりがなを振ることで，その子どもは障壁なく情報にアクセスでき，授業が理解しやすくなります。漢字の学習をすべての教科の中に盛り込む必要はないのです。

このように，所属している社会や集団の活動に参加するための障壁を取り除くことが合理的な配慮のねらいです。「活動のどこにどのような配慮を行えば子どものサポートとなるのか」といったアセスメントも忘れてはならないポイントです。

3 個別の指導計画

個別の指導計画のつくり方

1．通級指導教室や特別支援教室での指導計画

　通級指導教室や特別支援教室では，特別の教育課程に基づき，個別の指導計画を立てて，一人一人の子どもに応じた指導を行います。指導の柱となるのは，「自立活動」と「障害に応じた教科の補充」です。自立活動の指導では，将来の社会参加と子どもの困難さを見据えて，自立のために必要な知識や技能を養うことを目的とします。通常学級では，この部分に的を絞った指導を十分に行うことはできませんから，通級指導教室や特別支援教室での指導の機会を上手に活かすことが求められます。

　自立活動でも教科の補充でも，集団サイズの大きな通常学級では行き届かない部分に焦点をあて，子どものニーズに即した指導を展開することが期待されます。

2．アセスメントシートの活用

　個別の指導計画を立案する際には，P21で述べた支援のプロセスの1〜3（第一次アセスメント）を踏まえることが重要です。子ども理解の情報は多岐にわたりますから，情報をアセスメントシートに一元化し，指導計画の作成時や申し送り時に役立てるとよいでしょう。アセスメントシートの書式例をP32に載せました。アセスメントシートも，広義には，個別の指導計画に含まれます。

3．個別の指導計画の作成

　アセスメントシートの情報を基に，個別の指導計画を作成していきます。個別の指導計画に記載すべき項目と留意点を以下にあげます。個別の指導計画の書式例はP34を参照してください。

（1）基礎情報

　子どもの名前，生年月日，在籍学校名，年齢（学年）といった基礎的な情報のほか，指導の出発点となる主訴・ニーズも明記します。作成年月日や作成者名も記しましょう。

（2）長期目標

　指導を行ううえで，目標はとても大切です。何をめざして指導を展開するのか明確にしなければ計画は立てられません。目標は，長期目標と短期目標の2段階で考えます（図3）。通常，長期目標の長期とは，おおよそ1年間を指します。指導開始が4月であれば，次の学年に進級するまでの1年間で何を身につけさせたいかをイメージするとよいでしょう。目標は，学習面，生活・行動面，対人関係・社会性など，領域ごとに設定し，無理のないよう目標の数にも留意します。

(3) 短期目標

　短期目標は，長期目標に連なるものでなければならず。長期目標に至るひとつのステップとして考えます。指導内容にもよりますが，期間は2～3ヶ月のことが多いようです。通級指導教室や特別支援教室での指導時間は限られているので，1ヶ月では目標達成に十分とはいえません。3学期制の場合は，学期ごとに短期目標を立てることもあります。

（段階的な短期目標の例）　　　　　　　（領域に分けた短期目標の例）

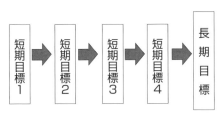 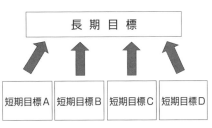

図3　短期目標と長期目標の関連

(4) 指導内容と指導の手立て

　子どもの特性に合った指導をどのように展開して目標を達成するか，アセスメントシートに整理した情報をもとに組み立てます。計画に対して，実際に「何を指導したか」「何をどのような方略（工夫，配慮）で指導したか」も書いておくと，あとで指導内容を点検するときの参考になります。

(5) 評価

　長期目標と短期目標を具体的なものにして，指導の結果を評価しやすくしておくことも大切です。目標達成の明確な基準として，目標に数値を入れておくのもよいでしょう。例えば，「掛け算を身につける」「漢字を覚える」という目標では，達成できたかどうかの基準が曖昧ですが，「文章題の題意を理解して立式し，九九表を用いて解答することができる」「〇年生漢字の確認テストで8割正答できる」とすれば，目標達成として次のステップに進むか，指導内容を点検しつつ目標を継続した方がよいかを判断しやすくなります。

(6) 指導の振り返り

　指導を振り返り，指導の方略や目標レベルの設定，課題の分量が適切であったかをチェックします（第二次アセスメント）。必要であれば，個別の指導計画に修正を加えます。実際に指導をして，子どもの反応を得ないとみえてこないこともあるものです。個別の指導計画は一度たてたら終わりではなく，途中で柔軟に修正を加えていく必要があります。

アセスメントシート（例）

個別の指導計画を作成するときに必要な情報を，ポイントを押さえてシートに一元化しておくとよいでしょう。
詳細な資料があるときは，「別紙資料あり」と記して必要に応じて参照できるようにしておきましょう。

作成年月日	作成者名	作成者所属	
××年　×月　×日	図書　文子	○○市立第一小学校	通級指導教室○○学級

作成者と作成年月日も大切な情報です。

基礎情報

名前　文京　太郎	
生年月日　××年　▽月　□日	年齢（学年）　10才　（5年生）
在籍学校名　○○市立第二小学校	在籍学級担任　大塚　次郎

必要に応じて，学級担任だけでなく，在籍校の特別支援教育コーディネーターも記載しておくとよいでしょう。

相談歴・受診歴

・4年生3学期，学級担任が教育相談室の利用を保護者に勧め，
　相談員の助言で5年生1学期より通級による指導が開始される。
　それまでは特別支援教育を受けたことはない。

・5年生に進級する前の春休みに○×クリニックを受診。
　「ASDの疑い」の診断を受ける。
　（別紙，保護者提供の診断書のコピーとクリニックの所見あり）

相談歴や受診歴を記します。学習支援員の活用など，これまでに何らかの支援を受けたことがあれば，それも記載します。

在籍学校・学級の様子

在籍学級は児童数39人で学年2クラス。
男子の児童数が多く，配慮が必要な児童も複数在籍している。
特別支援学級が設置されており，
特別支援教育についての意識は比較的高い。

通級指導教室や特別支援教室での指導は，大きな集団である在籍学級の生活の中で活用されることが大切です。その在籍学級がどのような環境であるかを把握しておきます。在籍学級の様子は，指導の優先順位や方略を考える際にも必要な情報となります。

主訴・ニーズ

本人…………友達とトラブルなく過ごしたい。
　　　　　　　漢字をおぼえられるようになりたい。

保護者………作文の中で漢字を使用できるようにさせたい。
　　　　　　　マイペース過ぎて，行動の切り替えが悪い面をなんとかしたい。

学級担任……漢字の書きの困難さに対して支援を行いたい。
　　　　　　　思うようにいかないときに怒ったり固まったりしてしまうところを，小学校のうちに改善させたい。
　　　　　　　集団のペースに合わせて行動してほしい（切り替えが悪いため，前の活動をなかなかやめないことがある）。

誰のニーズかを明記します。子ども自身の思いを把握することも大切な観点です。それぞれの立場でニーズが異なることもあります。指導計画は，このニーズに応える形でたてられます。

心理検査等の結果

【WISC-Ⅳ】 ××年△月△日　○×クリニックにて実施　　別紙資料（クリニックの所見）あり
生活年齢　10才3カ月

	合成得点（90%信頼区間）	パーセンタイル順位	記述分類
全検査	93（88-99）	32	平均の下～平均
言語理解	109（101-115）	73	平均～平均の上
知覚推理	95（88-103）	37	平均の下～平均
ワーキングメモリー	88（82-96）	21	平均の下～平均
処理速度	81（76-91）	10	低い（境界域）～平均

＊表情は硬かったが意欲的に取り組む。
＊言語で答える課題は，表現豊かに話す。やや多弁。
＊パズルのような課題はうまく組み立てられず，
　ひとつの方法にこだわって試行錯誤をしない。
＊運筆がぎごちなく，書いて処理する課題は数をこなせない。

心理検査等の結果を要点を絞ってまとめておきます。実施年月日や実施機関も明記します。外部機関などから所見をもらっている場合は，子どもの個人ファイルに保管し別紙資料があることをこの欄に記しておくとよいでしょう。

検査結果は，数値だけでなくわかる範囲で検査中の様子などの情報も記録しておきます。

検査結果が複数あるときは，併記しておくと情報を関連づけやすくなります。

【S-M社会生活能力検査】 ××年□月◎日　専門家チーム検討資料として相談室にて実施　　記入者：母親
生活年齢　10才4ヶ月

身辺自立	9才7ヶ月…	手先の器用さにかかわるものは理解していてもうまくできない。
移動	8才1ヶ月…	迷子になりやすいため1人で慣れない遠出はさせないとのことであった。
作業	8才7ヶ月…	手先の器用さに関連するものが苦手である。
コミュニケーション	8才9ヶ月…	漢字の書字がかかわる設問に×がついた。
集団参加	8才8ヶ月…	相手の立場に立ってかかわったり，新しい友達関係を広げたりすることが苦手。
自己統制	7才9ヶ月…	衝動的に会話をさえぎったり，時間管理が悪かったりする。
社会生活年齢（SA）	8才7カ月	
社会生活指数（SQ）	83	

> 行動観察から得られた情報を，前節（P20）の項目を参考に，子どもの特徴がみられるものについて記します。通級指導教室の体験入級時の様子や在籍校訪問の際の通常の学級での様子をなどを整理しておきましょう。
> どの場で観察された情報かを，丸で囲むなどして明記しておきます。

学習面

聞く…聞き漏らしが多い。
話す…多弁で，自分の関心が高いことについては
　　　話し出すと止まらないことがある。
読む…勝手読みがある。
書く…筆圧が安定せずぎごちない。
　　　罫線やマスからはみ出して書く。2年生漢字も不正確。
計算…指を使って計算することがあるが，
　　　当該学年レベルの計算はできる。

> 学習面は，困難さの有無だけでなく，どのようなつまずきがみられるかを具体的に記録しておくとよいでしょう。子どもが書いたもの（プリント課題，描画など）があれば，別紙資料として参照できるようにしておきます。

生活・行動面

姿勢が崩れやすく，足をぶらぶらさせたり貧乏ゆすりをすることがある。
注意されるとすぐにやめるが，しばらくするとまた行う。
カードゲームのとき，負けそうになるとイライラとした態度をみせるが
最後までゲームに参加する。
（在籍学級では，勝ち負けが絡む活動で負けると怒り出すことが多いとのこと）
他児の順番のときに時間がかかると「早く決めてください」と強い口調で急かすことがあった。
休み時間と指導時間の切り替えが悪く，なかなか遊びをやめられない面がみられた。

> 生活・行動面は，観察されたエピソードを記す方法もよいでしょう。どのような活動のときにどのような反応を示したかは，その後の支援のヒントになります。

対人関係・社会性

通級担任や通級児童とは初対面だったためか，
ですます調の硬い口調で話す。
本児の落とした持ち物を他児が拾って渡したとき，
お礼の言葉を口にせずだまって受け取る。
他児が発言しているときに退屈そうにあくびをする。

> 他者とのコミュニケーションのとり方が適切であるかを観察し記録しましょう。コミュニケーションは言語表現だけでなく，表情，声のトーンや大きさ，アイコンタクトなどの非言語的なサインが適切に使えているかも大事な観点です。また，集団の中で基本的なソーシャルスキルが発揮できるかも押さえておきましょう。

その他

粗大運動，微細運動ともにぎこちなさがみられる。
上履きのかかとを踏んでいる。
校帽のゴムが伸びきっているが，
「首が締まるのが嫌で振り回して伸ばしました」と説明する。

> この欄には，運動面（粗大運動，微細運動）や感覚面（過敏性または鈍麻），固執傾向など，その他の特徴を記録しておきます。

> 検査結果や行動観察の情報から，指導仮説を立てます。それを踏まえたうえで，指導の手立てや留意点をまとめておきましょう。この項目に記載されたことが，指導計画の土台になります。

指導仮説

＊WISC−Ⅳの結果と日頃の様子より，知識を蓄え経験に基づいた課題解決は得意だといえる。いっぽう，視覚認知の能力が求められるパズルのような課題は苦手で，漢字の構成を習得することのむずかしさの背景要因になっていると考えられる。
＊筆記にぎこちなさがあり，スピードや正確さを求められると不利である。
＊ワーキングメモリの弱さがあり，頭の中だけで複雑な処理をすることや，1度に多くを処理することには苦手さがみられる。
＊柔軟な試行錯誤や思考の転換がむずかしい。

手立てと配慮事項

・新しいことを学習する際は，習得した知識と関連づける。
・視覚認知を伴う課題では，言語化して視覚情報の理解を補う。
・ふだんの学習における筆記量の配慮を行い，罫線の幅やマス目の大きさなどを本人が扱いやすいデザインにするなど，ワークシートの工夫を行う。また，筆記の正確さを必要以上に求めすぎない。
・ワーキングメモリを助け，活動の見通しをもつことができるよう，文字や図などを上手に活用する。
・次の展開を複数想定させるなど，柔軟な思考ができるように配慮する。
・不適応行動が出てから注意を与えるのではなく，事前に注意事項を伝えて，失敗させない配慮を心がける。

> 備考として，在籍校での支援の様子などの情報を記載しましょう。また，子どもの支援に有用な情報もあわせて記録しておきましょう。子どもの得意なことや好きなこと，興味・関心などは，教材作りのよいヒントになります。

在籍校では，気持ちが高ぶったときは，保健室に行ってクールダウンしている。
養護教諭とは信頼関係が構築されている。
恐竜と歴史が好きで，知識が豊富である。
父の勧めで野球チームに所属しているが，プレーはあまり好きではない。
スコアをつけるのは得意で，自分のチームのほか，プロ野球の試合結果などもノートに記録するのが好きである。

個別の指導計画（例）

児童　　文京　太郎　（　××年▽月□日　生）

長期目標

＜学習面＞	①想起できる漢字を増やし，作文などで活用する
＜生活・行動面＞	②適切なタイミングで活動を切り替えて，集団のペースで行動できるようにする
	③思う通りにいかない場面でも気持ちを上手にコントロールできる

短期目標は長期目標に連なる内容にします。どの長期目標に関連しているか，番号を振るとわかりやすくなります。

目標を達成するためにどのような指導を行うかを具体的に記します。

アセスメントで把握した子どもの特性を考慮して，子どもに合った指導方略を考えます。指導の成果がみられなかったときは再検討する必要があるので，どのような方法をとったかを具体的に書いておきます。

短期目標と指導計画

	短期目標	指導内容	指導の手立て
1学期	①-1　1年生の漢字80字をすべて書けるようになる	1年生の漢字を復習し，不正確な文字の定着を図る。1年生の漢字は，部首などのパーツになることも多いため，ていねいに復習しておく。	・象形文字は，イラストと対比させながら文字の形をイメージさせる。
	①-2　主要な部首をおぼえる	おもな部首を意味とともに学習させる。	・同じ部首の漢字を集め，共通する意味を考えさせる。 ・部首とその他の部分が分かれた漢字パズルを用いて，部首を含む文字の構成を学習させる。
	②　なかよしタイム（製作活動）の活動を時間どおりに終わらせることができる	工作や簡単な調理などの活動を考え，あらかじめ決められた時間内に切り上げて，次の活動の用意ができるようにする。	・最初に活動内容を予告する。 ・タイマーを終了時間2分前と終了時間の2回鳴らして，終了のタイミングがわかるようにする。
	③葛藤場面での適切な対処の方法を知る	ソーシャルスキルトレーニングとして，以下のテーマを取り扱う。 「友達がミスしたときの声かけ」 「誘いを断られたとき」 「ゲームに負けそうなとき」	・ソーシャルスキルトレーニングを行い，ロールプレイによって設定された場面での適応的な行動を学習する。
2学期	①2年生の漢字や身近な漢字を中心に，50字書けるようになる	書くことへの劣等感に配慮して，住所などの身近な漢字や画数の少ない漢字，本児が好きな歴史上の人物に関連する漢字などを扱う。	・意味づけや語呂合わせなどの方略を用いて，視覚認知に頼らない漢字学習を行う。
	継続 ②　なかよしタイム（製作活動）の活動を時間どおりに終わらせることができる	工作や簡単な調理などの活動を考え，あらかじめ決められた時間内に切り上げて，次の活動の用意ができるようにする。	・開始前に活動内容を説明し，タイムタイマーなどを使って視覚的援助を行い，残り時間の量がイメージできるようにする。 ・中間で声かけをし，作業の進行状況と残り時間を意識させる。
	③小集団において，葛藤場面で自分の気持ちをコントロールする	勝敗が出る活動を行い，負けそうなときにも投げ出さないで活動に参加させる。	・トランプなどのゲームを用いて，負けそうときの感情のコントロールを経験させる。 ・事前に負けそうなときに，怒らないでいることが目標であることを伝える。 ・黒板に子どもたちの名前を入れた表を書き，我慢ができているときは，我慢シール（我慢している表情のシール）を貼って強化する。
3学期			

34

○○市立第一小学校　通級指導教室○○学級

作成日　　××年　×月×日　　　　**作成者**　　　図書　文子

在籍校　○○市立第二小学校　　　5年2組

> 長期目標はおよそ1年後の子どもの姿を想定して考えます。
> 複数設定する場合は，学習面と生活・行動面に分けたり，番号を振って整理するとよいでしょう。
> 長期目標に番号を振っておくと，短期目標とも関連づけしやすくなります。

> 指導の区切り（例：学期ごと，2カ月ごと等）で，目標が達成できたかを確認します。目標が達成できたかどうかを明らかにするために，数値の目安を設けておくと評価しやすくなります。

> 指導してみて得られた子どもの特徴や配慮点などを記録して，その後の指導に活かします。

> 在籍学級や家庭での様子などを，必要に応じて記録しておくとよいでしょう。

評価	振り返りと今後の課題	その他
7月第1週の確認テストで8割得点できたため，目標は達成したと判断する。	適宜，1年生の漢字を復習しつつ，今後の漢字学習につなげる。	
意味づけを行いながら，主要な部首を学習できた。次のステップの土台ができたと考える。	「しんにょう」は道に関する漢字に含まれるといった意味の理解はできているが，表記の際，形がうまくとれない。現在は，正確な表記にこだわり過ぎないようにし，本児のモチベーションが下がらないよう配慮する。	
活動の切り替えができたときもあったが，工作の仕上がりにこだわって終了時間に終わらせることができないことが多かった。	タイマーが鳴るまでに，活動のペース配分がうまくできていなかった。タイマー以外の方法も考慮する必要がある。	在籍学級ではまだ切り替えが悪く，担任から注意を受けることが多い。
教師によるモデリングでは，対応の良し悪しを的確に指摘できた。リハーサルでも適切な態度をとることができた。	トレーニングという設定された場面では冷静に対応することができたので，今後は実際の葛藤場面において，今回獲得したスキルが活用できるようにする。	
2学期最後の通級日に行ったテストで，50問中48問正解した。対象となる漢字を変えて継続する。	文字を大きく書いたり書き直したりできる，ミニサイズのホワイトボードを使用したのが，効果的であった。	在籍学級での書字に大きな変化はないが，書けない漢字を自主的に辞書で調べるなど，漢字学習に意欲がみられるようになってきた。
タイムタイマーを度々見て，残り時間を意識しながら活動に取り組めるようになった。	今回は時間内に終わらせることが容易な内容であったが，作業時間がもっとかかるような内容でも切り替えられるようにすることが，今後の課題である。	本人の希望で在籍学級でもタイムタイマーを使用している。黒板近くに置き，クラス全体で活用できるようにしている。
9月末までは，負けそうになると癇癪をおこすことがあったが，10月以降，我慢シールが増えてほめられることで，徐々に気持ちをコントロールできるようになってきた。3学期も継続して定着を図る。	9月末に在籍校で運動会があり，そのストレスもあって，気持ちのコントロールがむずかしかったことも考えられる。	

35

第2章 学習のつまずきに応じた指導

1 つまずきの背景の理解と対応
通級における学習指導のポイントと留意点

2 国語
- ●ひらがな
  - <読み>
    - 音韻意識（読み）①
    - 1文字ずつの読み
    - 形の識別
    - 50音の構造
  - <書き>
    - 画を意識する
    - 組み立てを意識する
    - 流ちょうに書く①
    - 流ちょうに書く②
- ●ひらがな単語
  - 流ちょうに読む①
  - 流ちょうに読む②
  - 流ちょうに読む③
  - 楽しく読む
- ●特殊音節
  - <読み>
    - 音韻意識（読み）②
    - 特殊音節を読む
    - 特殊音節の構造
  - <書き>
    - 音韻意識（書き）③
    - 音韻意識（書き）④
    - 特殊音節を書く
    - 楽しく書く①
- ●漢字単語
  - <読み>
    - 漢字の読み①
    - 漢字の読み②
    - 流ちょうに読む④
    - 流ちょうに読む⑤
    - 意味の確かめ
  - <書き>
    - 漢字の形①
    - 漢字の形②
    - 漢字の形③
    - 漢字の形④
    - 楽しく書く②
- ●読解
  - 指示語の理解
  - 接続詞の理解
  - 要点をつかむ①
  - 要点をつかむ②
  - 要点をつかむ③
- ●作文
  - 指示語を使う
  - 接続詞を使う
  - 文章を構成する①
  - 文章を構成する②
  - 文章を構成する③

3 算数
- ●1年
  - 10までの数
  - 数の合成・分解
  - とけい
  - ひき算
  - 順序数・集合数
  - 十の位，百の位
  - 100までの数
- ●2年
  - たし算の筆算
  - 長さ①
  - 長さ②
  - 大きな数
  - かけ算九九①
  - かけ算九九②
  - 三角形と四角形
- ●3年
  - かけ算の筆算
  - 円と球
  - 表とグラフ
- ●4年
  - 直方体と立方体①
  - 直方体と立方体②
  - 1より大きい分数
  - 2桁のわり算の筆算
- ●5年
  - 比例
  - 演算の決定①
  - 演算の決定②
  - 演算の決定③
  - 倍数と約数
  - 百分率
- ●6年
  - 速さ
  - 円の面積

1 つまずきの背景の理解と対応
通級における学習指導のポイントと留意点

　通級指導は，週に1～3時間など限られた時間で行われます。そのため，学習指導では，以下に配慮することが大切なポイントになります。

・通級指導だけで完結させず，在籍級での生活や学習につながるよう配慮すること

・通級指導によって，在籍級の授業で感じる困難を軽減させること

・通級指導を受けることで，努力が実を結んだと，感じられるようにすること

　一人一人の子どもの学習困難の背景に留意した指導を行うことが通級指導教室および特別支援教室では大切です。学習のつまずきには，学習スキルの弱さと共に認知スキルの弱さが関係します。ここでは，初めに，学習障害に関連した国語と算数の学習スキルの弱さについて考え，あわせて認知スキルの弱さとの関係について考えます。

1．学習障害に関連した国語と算数の学習スキルの弱さ

　国語の学習スキルについては，文部科学省が平成14年度に実施した「児童・生徒理解に関するチェック・リスト」が参考になります。すなわち，「読む」については，「文中の語句や行を抜かしたり，または繰り返し読んだりする」「音読が遅い」「勝手読みがある」などの困難が相当します。また，「文中の要点を正しく読み取ることが難しい」という読解の困難が指摘されています。「書く」の項目では，「漢字の細かい部分を書き間違える」などの漢字を中心とした困難の指摘とともに，「限られた量の作文や，決まったパターンの文章しか書けない」という作文に関連したスキルの困難が指摘されています。

　日本の小学生は，ひらがな，カタカナ，漢字，アルファベット，アラビア数字など多様な文字表記を学習します。これより，国語に関連した学習スキルは，主として，ひらがな文字，ひらがな単語，ひらがなの特殊表記，ローマ字表記，漢字単語など，多様な表記の読み書きスキルから構成されることがわかります。また，読解や作文のスキルも国語に関連した学習スキルに含まれます。

　算数の学習スキルについては，どうでしょうか？　同じく文部科学省が平成14年度に実施した「児童・生徒理解に関するチェック・リスト」では，「学年相応の数の意味や表し方についての理解が難しい」「簡単な計算が暗算でできない」「答えを得るのにいくつかの手続きを要する問題を解くのが難しい」「学年相応の文章題を解くのが難しい」などが指摘されています。これらの算数スキルの困難は，算数障害で指摘された臨床特徴とよく一致します（数字の読み書き，数概念，数の量的把握などの数の処理システム，数的事実の知識，手続きの知識などの計算システム，文章題などの算数的推論についての困難が，算

数障害の臨床特徴として指摘されています（若宮ら,2010））。

　本章では，これらの国語と算数の学習スキルを中心に，学習指導の手続きを提案します。

２．学習スキルの弱さに関係した認知スキル

　学習スキルと認知スキルとの関係についてみてみましょう。

　認知スキルの弱さについては，「聴覚情報の認知・記憶」と「視覚情報の認知・記憶」に大きく分けることができます。これらの認知スキルの弱さは，学習スキルの困難の背景になります。

（1）聴覚情報の認知・記憶

　聴覚情報の認知・記憶とは，耳から聞いた情報を処理したり，それを聴覚イメージとして保持する力のことです。聴覚情報の認知・記憶として，「音韻処理」と「言語性短期記憶」の弱さをあげることができます。学習のつまずきを有する子どもの多くが，聴覚情報の認知・記憶に弱さを示します。

●音韻処理

　音韻とは，聴覚的イメージのことです。私たちは，人から話しかけられると，その音声を言葉（聴覚的イメージ）として捉えることができます。さらにそれを文字としても書くことができます。しかし，未知の外国語で話しかけられた場合には，聴覚的イメージを捉えることが困難であり，捉えることができたとしても，どこがどう文字や単語に相当するのか，わかりません。このように，文字と音の学習の基礎には，言葉の聴覚的イメージに関する長期記憶が大切な役割を果たします。また，聴覚的イメージを意識的に操作することも必要です（音韻意識：例えば，単語を聞いて，初めの音を言うこと，など）。

　音韻処理に弱さがある子どもの場合，国語の学習では，ひらがな文字と音の学習や，ひらがな単語の流ちょうな読み，特殊音節単語の読み書き学習が困難になります。算数の学習では，数字の読み書き（P84参照）の学習困難を示します。

　＜対応＞音韻処理に弱さをもつ子どもの学習指導では，聞き取りの力や聞き分ける力を形成することを目標とします。例えばP42，P55のように，音韻分解や音韻抽出のトレーニングを行います。音韻意識を高めるためには，音のイメージを動作で表現したり，視覚記号で表現したりする指導が効果的です。教師と子どもの間で，音のイメージを目に見える視覚的手がかりとして共有します。ひらがなの特殊音節の学習でも同様に，視覚的手がかりを利用して，文字と音の関係の学習につなげます。例えばP56，P61のように，音記

号カードを使った活動が効果的です。算数の学習では，大きな数の理解や数字の読みの指導で，視覚的手がかりを利用した課題が効果的です。

●言語性短期記憶

私たちは，電話番号などを覚えるときに，何回も番号をつぶやきながら覚えます。これは，聴覚的イメージを反復（ループ）して記憶することから，音韻ループ（言語性短期記憶）と呼ばれます。このように，言語性短期記憶の力は単語を機械的に記憶することとかかわりがあり，漢字の読みの学習にも関係します。

言語性短期記憶に弱さがある子どもの場合，国語の学習では，視覚的イメージの高い漢字単語（例：地球，空港など）に比べて，視覚的イメージの乏しい漢字単語（例：以前，調節など）で読み困難が生じることがわかってきました。算数の学習では，かけ算九九（P97，P98参照）や足し算・引き算に関する数的事実の知識（P85，P87参照），筆算の手続きなど計算システムに，困難を示します。

＜対応＞言語性短期記憶の弱い子どもの漢字学習指導では，絵を利用して，覚えたいことの視覚的イメージを高める活動が効果的です。例えばP63，P64のように，イラストやエピソードを利用して漢字単語の読みを覚えます。算数の学習指導では，筆算などの手続きを教える際に，色情報や絵などを使って手順を想起しやすくする指導が効果的です。

（2）視覚情報の認知・記憶

視覚情報の認知・記憶とは，目で見た情報を処理したり，それを映像イメージとして覚えておく力のことです。視覚情報の認知・記憶として，「文字や単語の視覚認知」「視空間認知」「視覚性短期記憶」の弱さをあげることができます。

●文字や単語の視覚認知

文字や単語の視覚認知には，文字を識別する力と，複数の文字を単語のまとまりとして認知する力の2つが関係します。

＜対応＞国語の学習で，文字の構成を視覚的に識別することがむずかしい場合には，書字が苦手になります。例えばP44のように，文字の形を識別するトレーニングを行います。また，P46〜48のように，画やパーツ，全体の構成を意識させていきます。音韻意識の弱さとともに，単語をまとまりとして認知する力の弱さをもつ場合には，文を流ちょうに読むことがむずかしくなります。例えば，P50〜P52のような活動で，文中に出てくるひらがな単語を，まとまりとして識別できるようになると，文の音読が改善します。

40

●視空間認知

視空間認知は，視覚情報から，空間の位置関係をつかむことと関係します。距離感や奥行き，ものの形などを把握するときに使われます。

視空間認知に弱さがある子どもの場合，国語の学習では，ひらがなや漢字の書きの学習が特に困難になることが報告されています。算数の学習では，筆算での数字の位置関係の把握（P92，P100参照）が困難になります。また，数概念や数の量的把握（P131，P94参照）に弱さを示します。

＜対応＞視空間認知の弱さをもつ子どもで，相対的に言語性短期記憶の力が良好な場合は，この力を指導に利用します。国語の学習では，例えば「木が三つで森」などと，漢字の形や組み立ての特徴を言語化して学習することが効果的です。子どもは，言語的情報を手がかりとして利用し，書字することができます。算数の学習では，言葉の手がかりや色情報などを利用して視空間認知の促進を図ります。

引用参考文献

若宮英司・小池敏英「Ⅱ章 特異的算数障害　臨床特徴」，稲垣真澄編『特異的発達障害 診断治療のためのガイドライン』診断と治療社，2010, pp130-131.

小池敏英・雲井未歓編著『遊び活用型読み書き支援プログラム』図書文化，2013

国語：ひらがな（読み）

音韻意識（読み）①

このような子に

ひらがなの清音を読むことができるようになっても，音韻意識の不安定な子どもがいます。音韻意識とは，例えば「うさぎ」を「う」「さ」「ぎ」という3つの音として捉える力のことです。このような子どもには，音韻意識の指導を行います。音韻意識が形成されると，単語の音の一部を操作することができるようになります。

音韻分解と音韻抽出の学習をしよう①

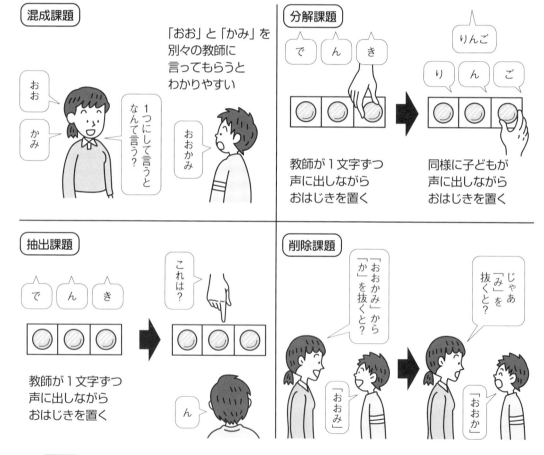

留意点　分解課題や抽出課題で，聞いた言葉（音）とます目の関係を理解することがむずかしい場合は，例えば3人の教師が「り」「ん」「ご」などと1音ずつ発音し，特定の教師がどの音を言ったかを聞くというような課題に変えて取り組みます。

1文字ずつの読み

このような子に

ひらがなの読みがとても不安定な子どもがいます。文字の形の視覚的識別の弱さや言語性短期記憶の弱さがその背景にあります。このような子どもには，音韻意識を高める指導（P42）とともに，文字とイラストを組み合わせたカードを使って，イラストを手がかりに，文字の形の識別を高め，読みを覚えられるようにします。

文字形イラストカードを使って学習しよう

① 文字形イラストカードを読む

② 文字カードを対応させる

キーワードと文字名を言わせる

③ 文字カードを読む

[留意点] ①〜③の手続きを3文字程度の単語から始めます。子どもの習得の様子で文字数を決めます。②③では，文字カードを見せて，どのような絵が描かれていたか，また，絵のどの部分が文字の形に相当するのかを，子どもに尋ねます。これによって，ひらがなを書く指導につなげます。文字形イラストカードは，小池敏英ほか『遊び活用型読み書き支援プログラム』（図書文化）から入手できます。

② 国語：ひらがな（読み）
形の識別

このような子に

ひらがなの読みが安定してきても，文字の形の視覚的識別が弱いために，「さ」と「き」，「め」と「ぬ」などを読み間違える子どもがいます。このような子どもには，文字の形を利用したイラストを使って文字の形の識別を高める（P43）とともに，間違った文字と正しい文字を同時に見せることで，文字の形の定着を図ります。

文字の形の識別ができるようになろう

留意点　初めは間違った文字と正しい文字を同時に見せて，正しい文字を選ばせます。できるようになったら，1文字ずつ見せて正誤を答えさせます。ひらがな文字の弁別シートは，小池敏英ほか『遊び活用型読み書き支援プログラム』（図書文化）から入手できます。

50音の構造

このような子に

ひらがなの形の視覚的識別ができて、文字の読みも安定し、「あいうえお」「かきくけこ」が言える子どもでも、50音表の経験が少ないと、50音の組み立てを理解していない可能性があります。このような子どもには、特殊音節の読みの学習に進む前に、50音の組み立てを理解させることが大切です。

50音表で組み立てを理解しよう

① 50音表を読もう

50音表の単語に対応する文字のますにマグネットを置く

② 50音表の空欄を読もう

50音表に置かれたマグネットを数字の順に読む

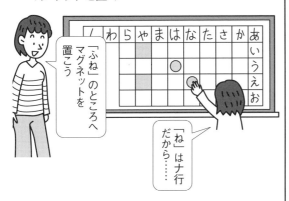

↓

読んだ単語のイラストカードを選ぶ

読んだ単語のイラストカードを選ぶ

[留意点] 五十音表は、ア段とア行以外は空欄にしておきます。子どもがマグネットを置けないときは、五十音表のそれぞれの行を順番に読ませ、文字の位置を確認します。

② 国語：ひらがな（書き）
画を意識する

このような子に

ひらがなの形の視覚的識別ができて，文字の読みが安定しても，ひらがなを書くことが苦手な子どもがいます。文字を絵（図形）のように捉えて書いている様子が見られます。このような子どもには，ひらがなの一画一画について，始点と終点を意識して書くよう指導します。

始点終点を意識して書こう

① ひらがなカードで読みを確認する

※読みが不安定のときは
文字形イラストカードをヒントに使用します

② 始点終点つき文字カードをなぞる

③ だんだん始点終点のみにしていく

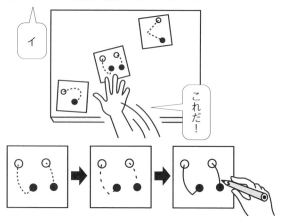

[留意点] 文字を書く時には，同時に声に出して読むことで，文字と音をマッチングさせていきます。③で使用するカードは，ガイドとなる点線を徐々に減らしていき，最終的に始点と終点のみのカードで行います。

組み立てを意識する

このような子に

ひらがなの形の視覚的識別ができて，文字の読みが安定しても，ひらがなを書くことが苦手な子どもがいます。文字を絵（図形）のように捉えて書いている様子が見られます。このような子どもには，パーツの組み立てを通して，文字の構成を学習させていきます。また複数の文字を連続的に書くことを通して，早く書けるようにしていきます。

画要素を組み立てて書こう

① イラスト文字カードを手がかりに，文字パーツを組み合わせて書く

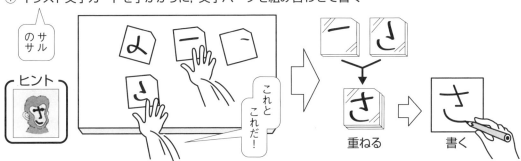

② 1画目を手がかりに，文字パーツを組み立てて書く

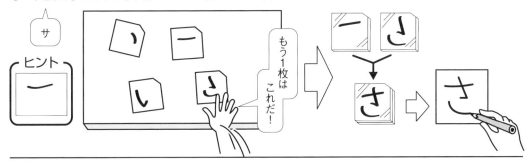

③ 単語を聞いて書く

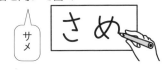

1文字ずつ思い出して書くのではなく，
複数の文字をスラスラ書けるように練習する

留意点　①②で使用する文字パーツのカードは，透明なプラスチックの板などで作成し，重ねることで文字が完成するようにします。子どもに提示するときに向きがわからなくならないように，カードの右上を少し切っておきます。③で文字が思い出せない場合は，文字形イラストカード（P43参照）をヒントに使用します。

② 国語：ひらがな（書き）
流ちょうに書く①

このような子に

ひらがな1文字の書字の形は安定してきても，書くことに時間がかかる子どもがいます。文字を連続的に書くことが次の課題です。このような子どもには，手がかりを与えて，連続的に文字を書けるようにします。手がかりとして，ひらがなの一部が隠れた文字カードを使用すると，子どもを動機づけるのに効果的です。

画要素不足カードを利用して書くことに慣れよう

① 足りないパーツを選んで書く

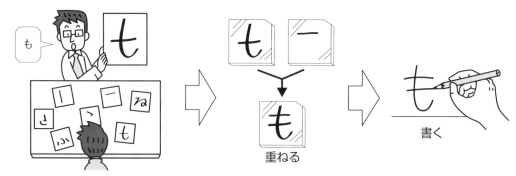

② 足りないパーツを考えて書く

③ 隠れている部分を考えて書く

[留意点] ①②では，P47で使用した透明な文字パーツのカードを使用します。この課題がむずかしい場合は，文字形イラストカード（P43参照）をヒントとして示します。短い間隔で次々に課題を示し，さっと思い出せるようになるまで練習します。

流ちょうに書く②

このような子に

ひらがな1文字の書字の形は安定してきても、書くことに時間がかかる子どもがいます。文字を連続的に書くことが次の課題です。このような子どもには、50音表を手がかりに、文字構成の理解を深めながら書く練習をさせていきます。連続的に文字を書く練習にもなります。

50音表を手がかりに書こう

① 50音表の一部を空欄にする

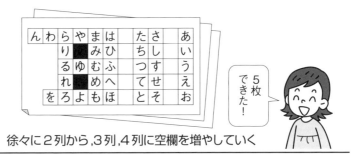

徐々に2列から、3列、4列に空欄を増やしていく

② 50音表の全部を空欄にする

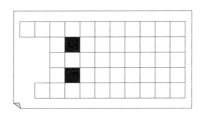

③ 50音表の対応する位置に文字を書く

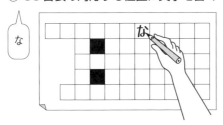
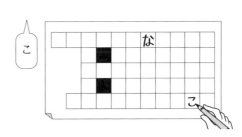

留意点　①では、五十音表の中の1～2行をランダムに空欄にしたシートを使用します。
②③では、すべてが空欄になったシートを使用します。

② 国語：ひらがな単語（読み）
流ちょうに読む①

このような子に

ひらがな1文字の読みは安定していますが，教科書の音読がとても苦手で，単語や文を1文字ずつ読む様子が見られます。学習課題を理解するためには，文章をある程度，流ちょうに読めることが大切です。単語完成カードを使って単元の言葉を学習し，単語のまとまりを意識して読めるようにします。

単語完成カードで学習しよう

① フラッシュカード課題

② 単語完成課題（3文字単語）

③ 単語完成課題（4文字単語）

[留意点] 2分間でできるだけ多くのカードを読むことを目標にします。③の課題では，初めは1文字を隠し，読めるようになったら2文字を隠して読むようにします。

[応用] 「さ」から始まる3文字の言葉，「か」から始まる4文字の言葉など，語彙を増やしていきます。また，教科書の文章には漢字単語も含まれるので，ひらがな単語の指導と一緒に，漢字単語の読みの指導もあわせて行います。

流ちょうに読む②

このような子に

ひらがな1文字の読みは少し不安定で、教科書の文章を読むときには、1文字ずつ読む様子が見られ、時々、読むことが中断してしまいます。学習課題の理解のためには、教科書の文章をある程度、流ちょうに読めることが大切です。ことばさがしクイズを使って単元の言葉を学習し、単語のまとまりを意識して読めるようにします。

ことばさがしクイズで学習しよう①

① アセスメントをする(時間と誤りをチェック)

② ことばさがしクイズをつくる

・教科書の単元に出てくるひらがな単語を5〜6個を選びプリントを作成する

③ プリントに取り組ませる

・単語のまとまりをできるだけ早く見つけられるように繰り返し練習する
・できた数は記録しておく
・もう一度教科書を読み、読みが改善したことを確認する

[留意点] 「ことばさがしクイズ」のプリントを、ウェブから無料でダウンロードできます(スマイル式プレ漢字プリント「ひらがな読みプリント」、P73コラム参照)。一部の国語の教科書について、単元に応じた学習プリントを自動で作成することができます。

[応用] 教科書の文章には漢字単語も含まれるので、ひらがな単語の指導と一緒に、漢字単語の読みの指導もあわせて行います。

② 国語：ひらがな単語（読み）

流ちょうに読む③

このような子に

ひらがな1文字の読みは少し不安定で、教科書の文章を読むときには、1文字ずつ読む様子が見られ、時々、読むことが中断してしまいます。学習課題の理解のためには、教科書の文章を、ある程度流ちょうに読めることが大切です。単語発見プリントを使って単元の言葉を学習し、単語のまとまりを意識して読めるようにします。

単語発見プリントで学習しよう

① アセスメントをする（時間と誤り個数をチェック）

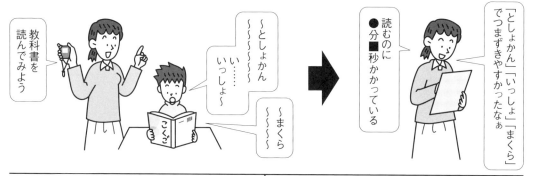

② 単語発見プリントをつくる

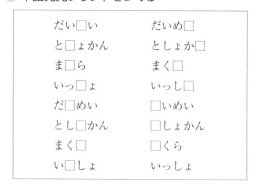

教科書の単元に出てくるひらがな単語について5〜6個を選びプリントを作成する

③ 単語発見プリントに取り組ませる

・ほかの行を手がかりとしながらしだいに見なくても読めるように練習する
・できた数は記録しておく
・もう一度教科書を読み、読みが改善したことを確認する

留意点　教科書の文章には漢字単語も含まれるので、ひらがな単語の指導と一緒に、漢字単語の読みの指導もあわせて行います。

楽しく読む

このような子に

ひらがな1文字の読みは少し不安定です。教科書の文章を読むときには，1文字ずつ読む様子が見られます。日々の学習では，教科書の音読の課題にとても困っています。このような子どもには，しりとり遊びなど，2～3文字のひらがな単語を読むことから始め，文字を読むことへの抵抗感をなくしていきます。

カードでつなげよう

① しりとりになるよう教師と子どもでカードを並べる

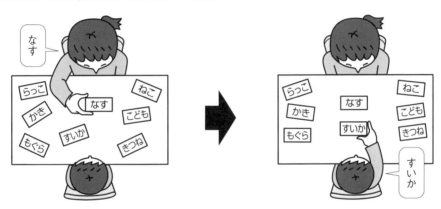

② 子どもだけでしりとりになるようカードを並べる

[留意点] 単語カードは声に出して読み上げます。

[応用] この課題ができるようになってきたら，単語カードの中に教科書で学習する単語を混ぜ，同様に行います。

コラム 1　低学年におけるひらがな音読の発達

　小学校低学年の子どもについて，ひらがなの流ちょうな音読の発達を調べると，興味深いことがわかりました。下の図は，1年生から6年生の子どもに，同じ文章を音読してもらったときにかかった時間を示したものです（各学年1クラス，約30人の子どものデータ）。グラフの棒は子ども一人一人の音読時間を表しています。矢印は，各学年の音読時間の範囲（最短と最長の時間）を示しています。

　各学年の音読時間の範囲は，1年生では約10秒から約25秒，2年生と3年生では約7秒か約20秒の範囲，4年生から6年生のクラスでは約7秒から約15秒の範囲を示しています。つまり，4年生から6年生のクラスでは，個人差がとても小さいことがわかります。それに対して，1年生から3年生のクラスでは，音読時間の個人差がとても大きいことがわかります。

　このことから，3年生から4年生にかけて音読の発達が進み，その変化も大きいことがわかります。いっぽう1年生から3年生のクラスでは，音読の得意な子どもがいるとともに，音読の苦手な子どもが多いことがわかります。

　したがって，1年生から3年生のクラスで音読時間の長い子どもがいても，その子どもがすべて強い読み困難を有しているとは結論できません。むしろ発達の途上にある可能性を指摘できます。ただし，発達の途上にあるということで，音読支援の必要性がないというわけではありません。子どもたちは，教科書の音読に苦手さをもっており，そのため学習に積極的になれないという事実があります。

　1年生から3年生のクラスでは，教科書の音読の支援は，クラス全体で取り組む課題であるといえます。また，音読時間の長い子ども達に対して，ホームワークや短い時間の集中指導によって，音読指導をする必要性を指摘できます。

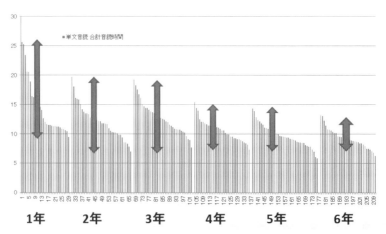

② 国語：特殊音節（読み）

音韻意識（読み）②

このような子に

ひらがなの清音を不安定ながら読めるようになっても，特殊音節を含む単語を読むことができない子どもがいます。このような子どもには，特殊音節を含む単語を使って音韻意識の指導（P42参照）を行います。音韻意識が形成されると，単語の音の一部を操作することができるようになります。

音韻分解と音韻抽出の学習をしよう②

留意点　言語性短期記憶の弱い子どもには，教師が言った言葉を覚え続けることがむずかしいために，音韻意識課題がむずかしくなります。その場合には，その単語を表すイラストを同時に見せて，手がかりにします。

② 国語：特殊音節（読み）

特殊音節を読む

このような子に

特殊音節を読むことが苦手で，「つかまったら」を「つかまえられたら」というように勝手読みをする子どもがいます。このような子どもには，文字の読みの指導の前に，まずは特殊音節の音のイメージと視覚的記号との対応をつくります。音韻意識が形成されると，単語の音の一部を操作することができます。

音記号カードで音のイメージをしよう

1．音記号カードで表そう

① イラストを見て答える

音記号の種類
- ● ＝清音・濁音・半濁音（あ，が，ぱ　など）
- ●-● ＝拗音（きゃ，きゅ，きょ　など）
- ▲ ＝撥音（ん）
- □ ＝促音（っ）

② 音記号と対応させる

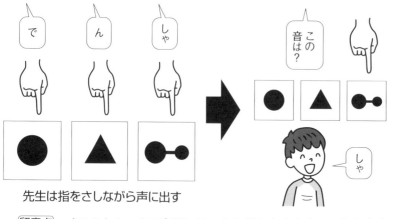

先生は指をさしながら声に出す

・別の文字カードと音記号カードでも行う

・カードの枚数は子どもの習得レベルに応じて変える

[留意点] イラストカードの裏側には，ひらがな文字を書いておきます。やり方が理解できたら，別のイラストと音記号カードを使って課題を行います。使用するカードの枚数は，子どもの習得レベルに応じて変えます。

2．音記号カードを読もう

① 音記号カードで表せるイラストを選ぶ

② 音と音記号の対応を確認する

うまく探せない場合は，イラストの名前を口頭で言い，音記号カードとの対応を1音ずつ指をさして確認する。

ポイント
音記号カードの特長は，複数の読みに対応できるところにあります。単語の読みと音記号カードの関連づけを子どもが積極的に行う活動は，音の構造と文字の読みの関係を理解するのに効果的です。

3．ひらがなを読もう

① ひらがなカードを読む

② 対応する音記号カードを選ぶ

ポイント
本課題では，これまでの音記号カードの学習をベースに，ひらがなの読みの学習を行います。ひらがなの読みを言う際には，音記号カードも選択することで，音の構造に気づかせます。

[留意点] ①でカードをうまく探せない場合は，子どもにイラストの名前を口頭で言わせ，音記号カードとの対応を1音ずつ指で指しながら確認していきます。

[応用] 子どもの前に置くカードの枚数や内容により，課題の難易度が変わります。

② 国語：特殊音節（読み）

特殊音節の構造

このような子に

特殊音節を読むことが苦手で，日ごろ目にする機会が多い「しゃ」や「しょ」は読めても，「みゃ」などを読むのが苦手な子どもがいます。このような子どもには，ビンゴのマス目を使って，例えば「し」と「や」の音で「しゃ」になるというルールを，「み」と「や」の音で「みゃ」のように当てはめることができるように指導します。

特殊音節のルールの学習をしよう

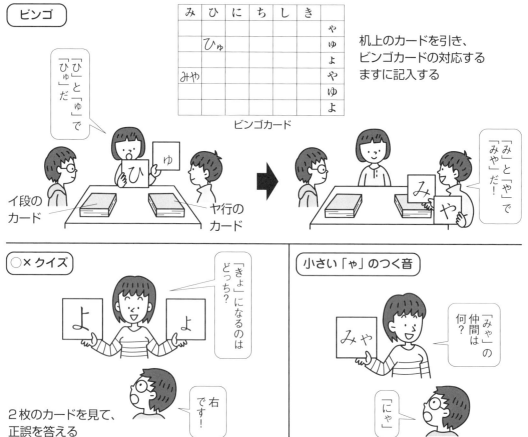

留意点　ビンゴカードは，7×7ますとします。小さい「ゃゅょ」と大きい「やゆよ」を一番右のますに縦に，「きしちにひみり」のうち6文字を一番上のますに横に，各自がランダムに記入してビンゴカードにします。縦・横・斜めのどれか1列が揃った人が勝ちとなります。

② 国語：特殊音節（書き）

音韻意識（書き）③

このような子に

特殊音節を含む単語の読みがまだ不安定な子どもがいます。1つの単語に注意を向けることが困難で，複数の単語に注意を向けることは苦手です。このような子どもには，複数の単語の共通性に目を向けさせ，どこが似ているのか，発表させます。読みが安定してきた子どもにとっては容易な課題なので，書きの指導の準備になります。

同じ特殊音節を選ぼう

仲間さがし

すごろく

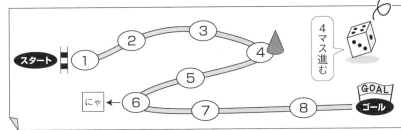

[応用]　「しゃ」のカードに「だがしゃ」のような妨害カードを入れておくと，むずかしい課題になります。また，ここでは有意味単語を使いましたが，これを「けしゃ」「のもしゃ」などの無意味単語で行うのもむずかしい課題になります。

② 国語：特殊音節（書き）

音韻意識（書き）④

> **このような子に**
>
> 特殊音節を含む単語の読みがまだ不安定な子どもがいます。このような子どもには，音韻意識を高める指導（P55）とともに，書きの指導を行います。提示された音（例：シャ）が，イラストが表す言葉の一部に含まれているかを確認しながら，特殊音節単語の書きの指導を行います。

頭の中でむすびつけよう──「しゃ」のつく言葉

① 指示された特殊音節を含む単語を探す

② 選んだカードが同じ音かどうかを確認する

③ ノートに書く

(留意点) この課題では，提示された音（例：シャ）を頭の中で保持しながら，イラストの名前を頭の中で確認し，その単語の一部の特殊音節を取り出して，文字として書くことを行います。

(応用) ①と②の課題をすごろくで行うことも，動機づけを高めるのに役立ちます（P59参照）。

特殊音節を書く

このような子に

清音のひらがな文字が書けても，特殊音節の単語になると，文字を間違える子どもがいます。このような子どもには，書くことの経験が大切ですが，書くことを拒否する子どももいます。特殊音節を含む単語を，不安定ながら読めるようになった子どもに対して，音記号カードを用いて，音と文字を対応できるように指導します。

音記号カードで書こう

① 音記号カードでイメージをつくる

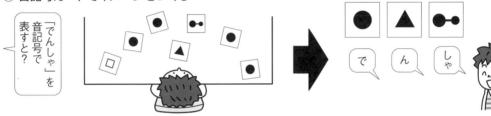

② 音記号カードを文字で表す

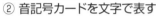

③ 音記号カードを手がかりに書く

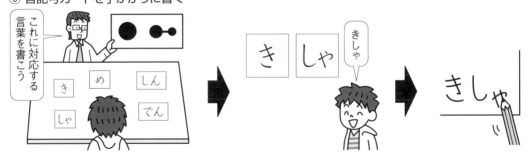

［留意点］　書く指導の前に，①②のステップで，特殊音節の音のイメージと視覚的記号（音記号カード）との対応を十分につくっておきます（P56も参照）。

［応用］　③の課題ができるようになってきたら，「でん」のカードを，「で」「ん」などと1文字ずつのカードに分けて行います。

② 国語：特殊音節（書き）

楽しく書く①

このような子に

特殊音節を含む単語を読めるようになった子どもに対して書く指導をします。書くことの経験を増やすことが大切ですが，書くことへの苦手意識が強いため，書くことを拒否する子どももいます。小集団ゲームの中で，文字列カードを組み合わせて単語をつくり，それをきれいに書くことを得点にして，子どもの動機づけにします。

単語組み立てゲーム

① 子どもを2チームに分け，机の上にカードを並べる

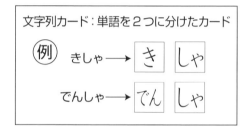

② カードを組み合わせて，単語をつくる

③ できた単語を紙に書く

[留意点] 使用したカードは持ち帰らずに机に戻します。単語がつくれたら次の子どもと交代し，より多くの単語をつくることのできたチームを勝ちとします。

[応用] 慣れてきたら，ゲームに使う文字列カードを特殊音節のカードだけにして，自分で単語を考えさせます。また，「しゃ」と「しや」など，間違ったカード（妨害刺激）を入れると，課題がむずかしくなります。

② 国語：漢字単語（読み）

漢字の読み①

このような子に

低学年のときにひらがな単語の読みが苦手だった子どもは，学年が進むにつれて，ひらがなの音読が少し楽になっても，漢字単語の読みが苦手です。言語性短期記憶の弱さを持っている子どももいます。このような子どもには，意味を表すイラストを利用して，漢字の読みを覚えられるようにします。

イラストを利用しよう

① イラストを見せ，単語を確認する

② 漢字単語とイラストを見せる

③ イラストの見える部分を減らしていく

④ 漢字単語のみを見せる

留意点　小学校3〜6年生の社会科の教科書に出てくる110の単元に関する単語とイラストを，ウェブから無料でダウンロードできます（P73，コラム参照）。

② 国語：漢字単語（読み）

漢字の読み②

このような子に

低学年のときにひらがな単語の読みが苦手だった子どもは，学年が進むにつれて，ひらがなの音読が少し楽になっても，漢字単語の読みが苦手です。言語性短期記憶の弱さを持っている子どももいます。このような子どもには，子どもの知っていることや経験を利用して，漢字の読みを覚えられるようにします。

子どものエピソードを利用しよう

① エピソードをつくる

② 漢字単語とエピソードを見せる

③ 漢字だけで読む

④ 意味を手がかりに記憶を強化する

留意点　子どもの話（経験したこと）をよく聞いて，特徴的なエピソードを整理します。それを元に「物をつくるところで，この前，見学に行ったところは？」というように質問をつくり，「こうじょう」という言葉を子どもから引き出します。これによって，単語の意味を確認します。

流ちょうに読む④

このような子に

教科書の中に出てくる漢字単語の読みが不安定な子どもがいます。時々，読むことが中断してしまい，日々の学習では，教科書の音読の課題にとても困っています。学習課題の理解のためには，教科書の文章をある程度，流ちょうに読めることが大切です。ことばさがしクイズを使って，単元の言葉を学習します。

ことばさがしクイズで学習しよう②

① アセスメントをする（時間と誤りをチェック）

② ことばさがしクイズをつくる

教科書の単元に出てくる漢字，単語について5〜6個を選びプリントを作成する

③ ことばさがしクイズをする

・漢字単語のまとまりをできるだけ早く見つけられるように繰り返し練習する
・できた数は記録しておく
・もう一度教科書を読ませ，読みが改善したことを確認する

留意点　「ことばさがしクイズ」のプリントを，ウェブから無料でダウンロードできます（スマイル式プレ漢字プリント「漢字読みプリント」，P73，コラム参照）。一部の国語の教科書について，単元に対応した単語や漢字を使った学習プリントを自動で作成することができます。

② 国語：漢字単語（読み）

流ちょうに読む⑤

このような子に

教科書の中に出てくる漢字単語の読みが不安定な子どもがいます。時々，読むことが中断してしまい，日々の学習では，教科書の音読に困っています。学習課題の理解のためには，教科書の文章をある程度，流ちょうに読めることが大切です。あなうめクイズなどのプリントを用いて指導します。

あなうめクイズで学習しよう

① アセスメントをする（時間と誤りをチェック）

② あなうめクイズをつくる

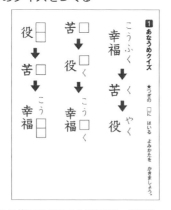

教科書の単元に出てくる漢字，単語について，5～6個を選びプリントを作成する

③ あなうめクイズをする

・前の行を手がかりとしながらしだいに見なくても読めるように練習する
・できた数は記録しておく
・読みが改善したことを確認する

[留意点]　「あなうめクイズ」のプリントを，ウェブから無料でダウンロードできます（スマイル式プレ漢字プリント「漢字読みプリント」，P73，コラム参照）。一部の国語の教科書について，単元に対応した単語や漢字を使った学習プリントを自動で作成することができます。

意味の確かめ

このような子に

教科書の中に出てくる漢字単語の読みが不安定な子どもがいます。時々，読むことが中断してしまい，日々の学習では，教科書の音読に困っています。特に，一度は読むことができても，読み方を覚えておけずに，忘れてしまうことがあります。このような子どもには，記憶を強化するために，漢字単語を使って自分のエピソードを語らせます。

アイデア　漢字単語を使って，自分の経験を話そう

① 読みの確認

② 漢字単語にまつわるエピソードを話す

5〜6個の漢字単語についても同様に行う

③ 読みが定着したかを確認する

留意点　子どもの話（経験したこと）をよく聞いて，特徴的なエピソードを整理します。それを元に「この間，算数で初めて満点がとれたのは？」というように質問をつくり，「しけん」という言葉を子どもから引き出します。これによって，単語の意味を確認します。

② 国語：漢字単語（書き）

漢字の形①

このような子に

漢字の読みが苦手で，言語性記憶の弱さと視覚認知の弱さをあわせ持つ子どもがいます。漢字を書くときの手がかりとして，漢字の形や組み立てを，言葉で記憶することが苦手です。このような子どもには，イラストを手がかりとして，漢字の意味や形を覚えられるようにしていきます。

絵を手がかりに学習しよう

① イラストを手がかりに，漢字の組み合わせを覚える

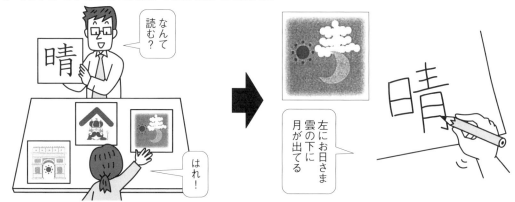

② イラストを見ないで，漢字の組み立てを思い出せるようにしていく

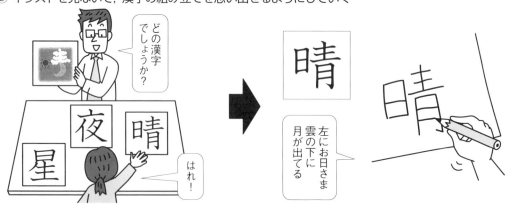

[留意点] はじめから言葉で漢字の組み立てを言わせることはしません。いったん絵を記憶できたあとは，言葉で漢字の組み立てを説明しやすくなるので，子どもに合った絵を確実に選び，絵を説明できるようになるまで，上記の指導を行います。うまく記憶できない場合は絵に無理があることが多いので，子どもの意見を取り入れて，絵を描き直します。

漢字の形②

このような子に

視覚認知は良好でも，言語性記憶に弱さを持つ子どもがいます。このような子どもは，漢字の組み立ての手がかりを，言葉で記憶することは苦手ですが，形をみて記憶するのは得意です。漢字を部品に分けることで，漢字の組み立てを視覚的に学習するように指導します。

部品を組み立てて漢字をつくろう

① 漢字カードを見る

② 部品カードを組み立てる

③ 部品カードを手がかりに漢字を書く

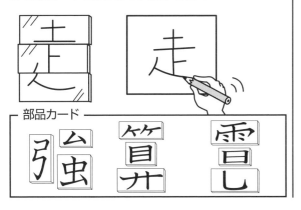

④ できるようになったらヒントの漢字の一部を隠す。
また，部品が一部欠けているカードを入れておく

[留意点] 漢字を繰り返し書く課題に対しては，子どもは消極的です。部品カードなど，視覚的手がかりが一部あると，積極的に取り組むことができます。

[応用] 指導開始時点では，その漢字の部品カードのみを置きます。指導が進んだら，他の漢字の部品カードも置きます。

② 国語：漢字単語（書き）

漢字の形③

このような子に

視覚認知は良好でも，言語性記憶に弱さを持つ子どもがいます。このような子どもには，漢字の一部が消えた欠落漢字カードを用いて指導します。視覚記憶を手がかりに書くことは，取り組みやすい課題となるため，繰り返し漢字を書く指導よりも，注意深く取り組むことができます。

足りない漢字を見て完成させよう

① イラストに対応した欠落漢字カードを選ぶ

欠落漢字カード

② 欠落漢字カードを手がかりに書く

③ 欠落漢字カードの欠落部分を大きくしていく。最終的には漢字単語の読みだけを示し、漢字単語が書けるかを確認する

留意点　指導の前に，学習する漢字単語が読めることを確認しておきます。はじめは，1画のみ欠落した漢字カードを用いますが，指導の後半では，2画や部首が欠落した漢字カードを利用し，課題をむずかしくします。複数の欠落漢字単語をプリントに印刷し，正しい単語を書くように指示するプリント課題も効果的です。

漢字の形④

このような子に

言語性記憶が良好でも，視覚認知が弱い子どもがいます。このような子どもは，漢字の部品の位置関係を把握することや，複雑な漢字の形を覚えることがむずかしくなります。その結果，自分の書いた文字が正しい文字なのか，判断しにくくなります。漢字を部品に分け，各部品に名前をつけることで，漢字の組み立てを言葉で表す指導をしていきます。

言葉の手がかりで学習しよう

① 部品カードの名前を決める

② 言葉手がかりカードから漢字カードを選ぶ

③ 漢字を書く

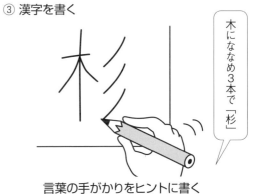

言葉の手がかりをヒントに書く

留意点　言語性記憶が良好な子どもは，「木が2つで林」などの覚え方をうまくできます。漢字の部品名は，子どもと話し合って決めると，子どもの理解できる表現になるので効果的です。子どもがすでに知っている漢字の一部の形を利用することも効果的です（例えば，「青の上」などの表現です）。

② 国語：漢字単語（書き）

楽しく書く②

このような子に

書くことに対して消極的な子どもがいます。漢字学習に対しても，全般的に消極的ないしは，拒否的です。このような子どもが，漢字を書くことを納得するように，遊び活動の中で，漢字の書字を指導するように工夫します。ここでは，ジェンガと五目並べを使った指導を紹介します。

遊びを通して学習しよう

[ジェンガ]

ジェンガブロックに
欠落漢字シールを貼っておく

① 抜いたジェンガに貼ってある欠落漢字を書く

② 慣れてきたらほかの人の抜いたジェンガの漢字も書く

[五目並べ]

① 読み方カードをひいて，その漢字を書く

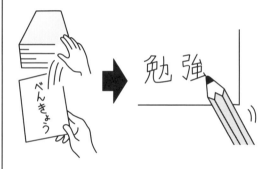

② 漢字が書けたら五目並べの石を置く

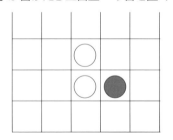

2チームに分かれ，先に5つ連続して並べたチームが勝ち

[留意点] ハラハラドキドキする遊びがとても好きないっぽう，漢字を繰り返し書く練習はとても苦手な子どもがいます。他のことに気が散ってしまい，字を丁寧に書くということがとても困難です。ジェンガや五目並べのような単純な遊びでも，子どもにとっては丁寧に漢字を書くという理由になります。丁寧に書けたことを，教師が認めてほめることで，他の学習場面でも丁寧に書くことを促しやすくなります。

コラム2 漢字単語の読みの支援教材の紹介

　漢字単語の書字に関する教材は多く工夫されていますが，読みに関する支援教材は，あまり紹介されていません。ここでは，漢字単語の読みを支援するフリー教材を紹介します。

◆社会科で学ぶ漢字単語に関する支援教材

　小学生が日常生活で経験することの多い漢字単語について，読みの定着をはかるための教材です。文章カード，漢字単語カード，意味カード，読みカード，絵カードなどが用意されており，印刷することで自由に利用できます（http://www.e-kokoro.ne.jp/ss/r/）。

　3年生から6年生の社会科の教科書のうち，生活に関係した110個の単元についての文章が用意されています。1つの文章の中には，漢字単語が10個ずつ配列されています。漢字単語に関連した絵カードも用意されていて，総計1,100個の絵を利用できます。

◆漢字単語の読みのための支援教材（スマイル式プレ漢字プリント）

　現在，2社の国語の教科書に対応するかたちで，1年生から6年生の全単元について，単語検索課題と単語完成課題によるプリントが提供されています。ウェブからダウンロードするたびに，ひらがな配列が異なるプリントが提供されるので，同じプリントでも複数回，取り組むことができます（http://smileplanet.net/specialty/）。

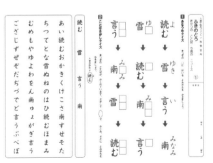

国語：読解

② 指示語の理解

このような子に

ひらがな単語の読みが安定しても，文章になると読むのに時間がかかる子どもがいます。文章の内容を読み取るには，指示語の理解，主部と述部の理解を確保することが大切です。文の内容を身近な事柄にすることによって意味理解を助け，読解の練習をします。3〜6年生が対象になります。

指示語を理解しよう

文カードの例

えんぴつがここにある	ノートがそこにある	消しゴムがあそこにある
こっちの消しゴムのほうがよい	そっちの消しゴムのほうがよい	あっちの消しゴムのほうがよい
このえんぴつを取ってください	そのえんぴつを取ってください	あのえんぴつを取ってください

写真カードの例

① 教師が文カードを読みあげ，それに合う写真カードを子どもが取る

② 子どもが自分で文カードを読んで，それにあった写真カードを取る

応用 できるようになってきたら，「こんなところに犬がいる」「そんなところに犬がいる」「あんなところに犬がいる」「こっちの犬を見てください」「そっちの犬を見てください」「あっちの犬を見てください」など，多様な表現を取り入れていきます。

接続詞の理解

このような子に

ひらがな単語の読みは安定してきたものの、文を読むのに時間がかかる子どもには、「つながり」が理解しやすい課題が効果的です。文の内容を身近な事柄にすることによって、文と文の「つながり」の理解を助け、時間の順序に従って文を並べることを通して、文を「つなぐ言葉」に慣れ親しみます。3～6年生が対象になります。

文をつなぐ言葉の理解をしよう

① 「つなぐ言葉カード」を使って文章を組み立てる

つなぐ言葉カード

| つぎに |

文カード

| 朝起きました |
| 顔を洗いました |

「朝起きました。つぎに、顔を洗いました。」

② 複数の「つなぐ言葉カード」使って、文章を考える

つなぐ言葉カード

| はじめに |
| つぎに |
| さいごに |

テーマ

| 料理 |

「はじめに、粉と牛乳と玉子を混ぜます。つぎに、あたためたフライパンで焼きます。さいごに、お皿にうつしてホットケーキのできあがりです。」

③ さらにいろいろな接続詞を使って練習する

――＜4年生で学習する代表的な接続詞＞――
「順接」（前の内容から予想される内容を導く：だから、したがって、それで等）
「逆接」（前の内容に反する内容を導く：しかし、だが、けれども等）
「添加」（前の内容に付け加える内容を導く：そして、ついで、また等）

留意点　文章のテーマは、料理、遊び、身近なことなど、子どもにとって親しみがあり、わかりやすい内容にします（文を読む力に応じて、一度に提示する文の種類の数を決めます。はじめは2～3文から）。接続詞の種類は、子どもの学年に合わせます。順接が理解できるまでは、逆接には進まない方がいいでしょう。

2 国語：読解
要点をつかむ①

このような子に

教科書を流暢に読めるのに，長い文章の要点を読み取るのがとても苦手な子どもがいます。人の話についても，関係ない話に気をとられてしまい，聞いて要点を理解することが苦手です。要点を取って読むことは，単段落の文章であっても大切なスキルであり，長文の要点を理解するための基礎になります。3〜6年生が対象になります。

要点と関係のない文を見つけよう

① 3つの文から成る単段落の文章を読み内容カードを作成する

文章の例

> ぼくは，日曜日にケーキを作った。あわだてきは新品だった。できたケーキは，おいしくて，おどろいた。

② 作成した内容カードを指示に沿って取捨選択する

内容カードの例

> ケーキを日曜日に作った。

> あわだてきを使って，ケーキを作った。

> ぼくはとてもおいしいケーキを作った。

子どもの話したことをカードに書く

（1）内容から，大切でない文を指してください

（2）文章の内容を一番表しているカードを選んでください

③ 3段落程度の説明文を使って同様に①②を行う

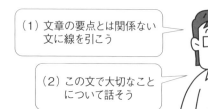

（1）文章の要点とは関係ない文に線を引こう

（2）この文で大切なことについて話そう

線で消していない文が大切なところだね！

[留意点] 要点を理解するときには，要点と直接関係のない文を外して考える必要がありますが，子どもたちは文章を読むときに，要点とは直接関係のない表現に注意を取られることがあります。この指導では，無関係な情報を外して考えることを練習します。①〜②を3回程度練習してから③を行います。

要点をつかむ②

このような子に

ひらがなや漢字の読みに問題なく，教科書も流ちょうに読めますが，長い文章の読み取りが苦手な子どもがいます。特に，段落の相互関係を読み取ることがとても苦手です。長文から原因と結果について読み取る指導は，時間がかかり，回数を重ねることがむずかしくなります。ここでは3文程度の単段落の文章で指導します。3～6年生が対象になります。

原因と結果を考えよう

① 3つの文から成る単段落の文章を読み「だから-なぜならカード」にまとめる

② 「問題カード」を使って文章の要旨を確認する

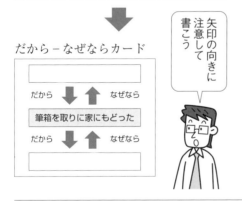

③ 3段落程度の説明文を使って同様に①②を行う

- 「だから-なぜならカード」を使って，原因から結果をたどって考えるように指導する。
- また，結果から原因をたどって考えるように指導する。

[留意点] 日常の出来事をテーマに「だから-なぜなら」となる文章を作ると，子どもにとってわかりやすい課題になります。

[応用] 「だから○○した」という内容が2つつながるとわかりにくくなり，問題の難易度がアップします。

2 国語：読解

要点をつかむ③

このような子に

文章の要点を理解するうえで，3つのルールが大切だと知られています。選択ルール，一般化ルール，構成ルールの3つです。これらのルールに沿って，「他の文と関係が少ない文はどれだろうか？」「別の表現で言い換えてみると，どうなるだろう？」と教師が問いかけます。それにより，子どもが段落の要点をつかめるように指導します。

段落の要点を考えよう

―＜要約の3つのルール＞―
削除ルール……他の情報と関係が少ない情報を外す
一般化ルール……一連の情報を，上位カテゴリの言葉で置き換える
構成ルール……一連の情報を，別の表現で短く表す

[問題]
「わたし」が伝えたかったことを要約しましょう

　お母さんへ
　きのう，わたしは遠足で，水族館に行きました。
去年の遠足は，となり町の動物園でした。

削除ルール
関係の少ない情報は取り除く

　わたしは，川の水そうで，アユやサケが泳ぐのを見ました。また，大きな水そうで，アジやマグロを見ました。

一般化ルール
「アユ」「サケ」「アジ」「マグロ」などを
上位カテゴリの言葉に置き換える

　あっという間に，帰りの時間になりました。

構成ルール
「あっという間」を「楽しい時間」などと，
別の表現にしてみる

↓

「伝えたかったこと」
きのう，わたしは遠足で水族館に行き，
川や海の魚を見て，楽しい時間を過ごしました。

[留意点] ①の削除ルールは中学年でも使えます。②一般化ルールや③構成ルールは，別の表現で置き換えることを含んでいるので，高学年でうまく使えるようになります。

国語：作文

② 指示語を使う

このような子に

ひらがな単語の読みは安定していますが，文章の読み取りに時間がかかり，作文を書くときには，思いつくまま書き進んでしまう子がいます。同じものや人を繰り返し書いていくと，文がくどくなります。文を簡潔にするには，指示語を使う方法が効果的です。3〜6年生が対象になります。

指示語を使って書こう

① 短い文を提示し，指示語を使って文を書き換える

例

書き換え前

> 昨日，わたしは本屋に行った。
> 本屋に行った後，デパートに行った。

書き換え後

> 昨日，わたしは本屋に行った。
> その後，デパートに行った。

② 長文を提示し，①と同様に指示語を使って文を書き換える

書き換え前

> 昨日，わたしは，花屋に行った。
> 花屋に行った後で，わたしは，同じクラスの田中さんと，図書館に行った。
> 田中さんは，「冬のくらし」という本を借りた。
> 「冬のくらし」という本の表紙の写真は，とてもきれいだった。また「冬のくらし」という本の中の動物の絵は，とてもかわいかった。
> きれいな表紙をしていて，かわいい動物の絵がある本を，私は，見たことがなかった。
> 私は，「金魚の育て方」という本を借りた。
> 「金魚の育て方」という本は，字が大きくて，読みやすそうだった。
> わたしは，「冬のくらし」も読んでみたいと思った。
> わたしは，帰りのバスの中で，田中さんに「冬のくらし」を読んでみたいということを伝えようと思った。

書き換え後

> 昨日，わたしは，花屋に行った。
> その後で，わたしは，同じクラスの田中さんと，図書館に行った。
> 田中さんは，「冬のくらし」という本を借りた。
> その本の表紙の写真は，とてもきれいだった。またその本の中の動物の絵は，とてもかわいかった。
> そのような本を，私は，見たことがなかった。
> 私は，「金魚の育て方」という本を借りた。
> この本は，字が大きくて，読みやすそうだった。
> わたしは，「冬のくらし」も読んでみたいと思った。
> わたしは，帰りのバスの中で，田中さんにこのことを伝えようと思った。

留意点　適切な指示語を使って文を書くと，作者の視点が文章の中に出てきて，作文らしい文章になります。書き換えが容易な短い文での指導の後に，少し長い文での書き換えを求めます。指示語の利用を経験させることで，作文での指示語の利用を促します。

② 国語：作文

接続詞を使う

このような子に

ひらがな単語の読みは安定してきたのですが，作文は苦手で，事実を並べただけの文章になってしまう子どもがいます。作文を書くためには，つなげる言葉（接続詞）をうまく使えることが大切です。身近な事柄を題材にして，時間の順序に従って文を並べ，文をつなぐ言葉を利用して作文することを学習します。3〜6年生が対象になります。

文をつなぐ言葉で作文をしよう

① 適切な「接続詞カード」を選んで，文章カードの内容をお話するように指示する

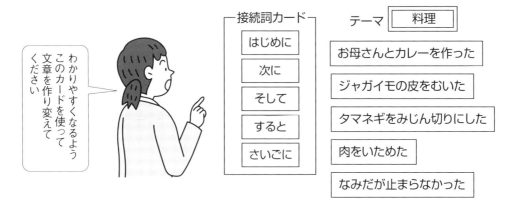

子どもが話した内容は，紙に書く。
子どもと相談しながら，わかりやすい文章にしていく。

※子どもの文を読む力に応じて文章の内容を決めます。2〜3文からはじめます。
※子どもの力に合わせて，示す接続詞カードの枚数を調整します。

② 自分で作文して紙に書くように指示する
　接続詞カードは掲示しておき，子どもが自分で選べるようにする

留意点　効果的な文章を作るための，接続詞の使い方を経験させます。文章のテーマは料理，遊びなど，身近なことがよいでしょう。①での口頭での話を手がかりとして，②で作文がしやすくなります。このように，援助となる経験を活かしながら，子どもが1人で作文が書けるように指導を重ねます。

文章を構成する①

このような子に

ひらがな単語の読みは安定してきたものの、作文は苦手で、特に効果的な文を書くことがむずかしく、事実を並べた文章になってしまう子どもがいます。文章をわかりやすく（伝わりやすく）するには、「要点」が大切です。P●で要点に関係ない文を探す指導を行いましたが、ここでは、要点に関係したことを作文できるようにします。4～6年生が対象です。

要点を書こう

要点の文（例）

たくさん話をして、楽しかったです

要点に関係した文（例）

となりの子とすきな本の話をしました

※要点カード……文カードに書かれていない話の要点
※要点に関連した文カード……要点に関連する事実や補足

＜やり方＞
① 「要点の文」を書く。
② 「要点の文」をどこに置いたら、文書がわかりやすくなるかを話しあう。
③ 「要点の文」を、文章の中に置く。
④ 「要点に関係した文」を作る。「要点の文」と同様に、文章の中の適切な位置に置く。
⑤ 完成した文章を読み、はじめよりわかりやすくなったことを確認する。

[留意点] 子どもは、時間の流れに沿って文を書いていくことで、作文してしまうことがあります。事実を淡々と順番に書いた文章の中に、「要点」と「要点に関連した事柄」を加えることによって、文章がわかりやすくなるという経験をさせます。はじめに教師がモデルを示し、できた文章がわかりやすくなったことを確認します。

② 国語：作文

文章を構成する②

このような子に

ひらがな単語の読みが安定してきたのですが，作文は苦手で，特に効果的な文を書くことがむずかしく，事実を並べた文章になってしまう子どもがいます。文章をわかりやすくするには，原因と結果の関係を書くことが大切です。P●で原因と結果の読み取りを練習しましたが，ここでは，それを作文の中で生かすようにします。4～6年生が対象になります。

原因と結果を書こう

原因と結果カード（例）

雨がふったので外で遊べなかったけれど，楽しい遠足でした。なぜなら，お昼から，バスの中で遊んだり，友達とたくさん話をしたりしたからです。

※原因と結果カード……文カードに書かれていない話の要点（因果関係が含まれるもの）

〈やり方〉

① まず教師が「原因と結果カード」にモデルを記入して示します。それに基づいて，口頭で，話をします。
② 次に，子どもに教師と同じようにすることを促します。教師は，子どもの話を文カードにします。
③ 子どもの話に基づいて作った「文カード」と「原因と結果カード」を基に作文を書くように，子どもに指示します。

[留意点] 子どもは時間の流れに沿って作文を書いてしまう傾向があります。原因と結果に基づいて書くことはむずかしい課題ですが，これができると作文らしくなります。

[応用] 1つの「原因と結果」に基づいて作文が書けるようになったら，2つの「原因と結果」が含まれる作文を行うように指導します。

文章を構成する③

このような子に

教科書も流暢に読めますが、作文が苦手で、特に効果的な文を書くことがむずかしく、事実を並べた文章になってしまう子どもがいます。これまでに学習した、接続詞を使うこと、要点を書くこと、原因と結果について書くことなどを活かして、段落の要点を考えて作文する練習をします。4〜6年生が対象になります。

段落の要点を考えて書こう

① 与えられたカードを組み立てて作文する

テーマカード
お米のとぎ方

話題カード
私たちは、お米をよく食べます。 お米をたく前に、お米をとぎます。

説明カード
お米の表面にはぬかがついています。 ぬかをとることがたいせつです。時間をかけずに、洗い流します。

結論カード
お米をとぐこつは、「すばやく、やさしく」です。

カードを手がかりに、自分で言葉や文を付け加えながら、お話をする。話がまとまったら、作文を書く。

② 自分でカードを作って作文する

テーマカード
例)「おにぎりの作り方」 例)「スパゲティの作り方」 例)「私の長所」

話題カード

説明カード

結論カード

見本のカードも提示しておく

テーマに沿って、「話題カード」「説明カード」「結論カード」を作る。これらのカードを手がかりにして、作文を書く。

留意点　長い文章を書くときは、それぞれの段落の要点を考えて書くことが大切です。カードを手がかりにして、「話題」「説明」「結論」という段落構成を意識することができます。①で使った「話題カード」「説明カード」「結論カード」は、子どもの前に見本として置いておきます。

③ 算数1年
10までの数

このような子に

1から10までの数を確実に唱えられない子どもがいます。言葉として覚えているだけで，物と数の1対1の対応ができていないと，「しち」や「はち」をとばしてしまうのです。数をただ唱えさせるだけでは改善はできません。10あるものと対応させて，意味と読みを対応させて覚えることが大切です。

1から順に唱えよう

① 指をつかってゆっくり唱える

右手　いーち　にーい　さーん　しい　ごぉ

左手　ろーく　しーち　はーち　きゅう　じゅう

② 百玉そろばんを使ってテンポよく唱える

声に合わせて1つずつ動かす

いち　に　さん

じゅう！
あれ，1個余っちゃった
どこをとばしたか教えてあげる
さっき「なな」をとばしていたね

[留意点] 音韻意識の弱さから，4「し」と7「しち」を混同してしまう子どももいます。その場合は，4は「よん」，7は「なな」と唱えるようにするとよいでしょう。

[応用] 「いつつ」「むっつ」などの言い方も，教えていきます。

数の合成・分解

このような子に

くり上がりのあるたし算やくり下がりのあるひき算は，1年生でつまずきの多い学習です。この学習の基礎は，ある数を2つの数の和とみる見方にあり，10の合成・分解ができるかどうかが大きくかかわります。くり上がりのあるたし算，くり下がりのあるひき算でつまずいている子どもには，「いくつといくつ」の習熟をねらいとして指導します。

いくつといくつ？

さんすうトランプで神経衰弱ゲーム

― さんすうトランプ ―
- 0から10までの数字カードのトランプ
- 絵柄は□，○，△
- 全部で33枚（ジョーカー別）

（企画・制作　幼児さんすう総合研究所，監修　日本数学検定協会　2,160円（税込））

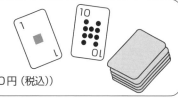

① ランダムに並べる　　② 順番に2枚ずつめくる　　③ 合わせて10になったらカードがもらえる

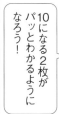 

応用　「ババ抜き・合わせて10」……トランプのババ抜きの要領で「合わせて10になったら捨てる」というルールで遊ぶ。
　　　「ダブルどっちっち」……上記の神経衰弱ゲームと同じ要領で2枚ずつカードをひき，2枚のカードの数の合計が大きい人の勝ち。

③ 算数1年
とけい

このような子に

1年生で何時何分までよめるようにすることが目標ですが、学級での指導時間が短く、1年生が終わっても時計がよめない子どもがいます。時計が12進法であることや、短い針と長い針でめもりのよみ方が異なっていることも原因と考えられます。仕組みを指導し、日常的に時計をよむ習慣をつけることで時計をよめるようにしていきます。

何時何分？

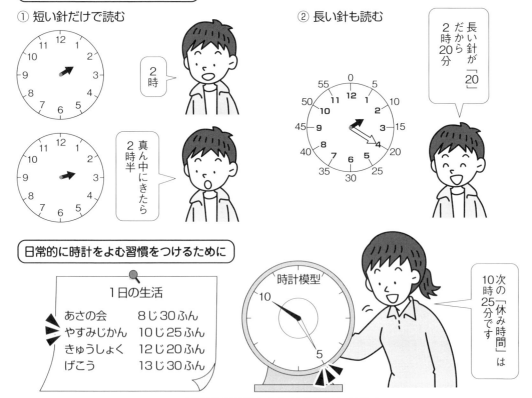

予定表と時計をあわせて提示しておく

留意点　時計の学習後は、「長い針が4のところにきたら休み時間です」などの言い方をするのはやめましょう。学習したことは日常でも使っていくことが大切です。
また、右のような児童用の時計模型も販売されています。学校の実態に応じて児童分購入してもよいでしょう。

86

ひき算

このような子に

13を10と3に分解する，9を3と6に分解するなど，ある数を2つの数に分解することがむずかしい子どもがいます。このような子は，くり下がりのあるひき算を計算することが困難です。ここでは百玉そろばんを使って，数の構成（分解）を視覚的に確認しながら，くり下がりのある計算をできるようにしていきます。

くり下がりの仕組み

問題例　13－9

① 13をおく

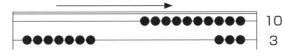

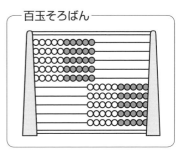

百玉そろばんの上2段を使って，
10と3を右方向にずらす

② 10から9をとる

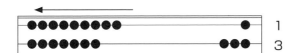

④ 右に残ったたまの数を求める
　　1＋3＝4　　　答え　4

さくらんぼ図の例

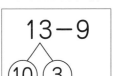

⑤ 慣れてきたら，百玉そろばんではなく，
　さくらんぼ図（右図）に表して考えさせる

[留意点] ここで紹介した方法は減加法です。まれに減々法を好む子どもがいます。その場合は，まず百玉そろばんの2列目から3をとり，次に1段目から6をとることになります。子どもが計算しやすい方法で支援しましょう。

算数1年

③ 順序数・集合数

> **このような子に**
>
> 式の計算はできても，下記のような文章題では，問題文にでてきた数字をみて「2＋3＝5」と答えてしまう子どもがいます。教科書では図をかいて考えるようにしていますが，問題文の数字にとらわれ，文章の構造が理解できない子どもがいます。実際に場面を再現することで，問題場面の理解をさせていきます。

まえになんにん　うしろになんにん

① 「いずみさん」役の子どもを選ぶ

② 「いずみさん」の前に2人，後ろに3人並んでもらう

③ 式を考える

[留意点] 問題文の場面がなかなか理解できない子どもは，いずみさん役になって初めてわかる場合もありますし，並んでいる様子を客観的にみて理解できる場合もあります。その子の特性を考えていずみさん役を決めるとよいでしょう。授業の最後に学習感想を言わせたり，ノートに書かせたりすることで，個々の理解の様子を把握する材料にするとよいでしょう。

十の位，百の位

このような子に

10という数字は，十の位が1，一の位が0を表しています。しかし，10を1つの記号として捉えてしまい，11を101と表してしまう子どもがいます。そこで，「位の部屋」という言葉を使って，それぞれの位には0から9までの数字が入ることをわかるようにすることをねらいとして指導します。

十進位取り記数法

このような間違いをする子に

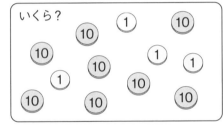

① 「位の部屋」にお金を入れる　　② お金の枚数を記入する

空位には0が入ることも指導する

[留意点] 教科書では数図を使いますが，ここでは模擬貨幣を使います。①が10枚で⑩になることは生活の中でも使われていることなので，10枚以上の場合は「銀行」役を教師がするなどして両替してあげましょう。

[応用] 「位の部屋」を増やすことで，2年生で学習する千までの数，3年生で学習する1万以上の数，3年生以上で学習する小数に使うことができます。

③ 算数1年
100までの数

このような子に

0から100までの数のならび方にはきまりがあります。一の位は0から9までを繰り返します。十の位は10ずつ大きくなっていきます。こうしたきまりをなかなか見つけられない子どもがいます。このような子どもには，100までの数のならび方の規則性に気づくようにすることをねらいとして指導します。

100までの数のならび方パズル

① 太い線で切ります。
100までの数のならび方のきまりを考えてパズルを完成させましょう。

0	1	2	3	4	5	6	7	8	9
10	11	12	13	14	15	16	17	18	19
20	21	22	23	24	25	26	27	28	29
30	31	32	33	34	35	36	37	38	39
40	41	42	43	44	45	46	47	48	49
50	51	52	53	54	55	56	57	58	59
60	61	62	63	64	65	66	67	68	69
70	71	72	73	74	75	76	77	78	79
80	81	82	83	84	85	86	87	88	89
90	91	92	93	94	95	96	97	98	99
100									

留意点　子どもの実態によって2×5の長方形に切ったり，縦の列や横の列で切ったりと，パズルの切り方を工夫するとよいでしょう。

② 次の？の数はいくつでしょう

7	8	9
	18	
	?	

	34		
	44		
	54		?

67		69
87		
97		?

60		
	71	
		82
	91	
?		

0				?
	11			
		22		
?				

		35		
53		?		57
		75		

0		
	22	
		?

	24
	?

③ 算数2年
たし算の筆算

このような子に

たし算の筆算で一の位にくり上がりがある場合，右のような誤答がみられます。これは数字の大きさをそろえて書くことが苦手だったり，位をそろえて書くのが苦手だったり，くり上げる数を小さく書くことができなかったりするために起こる誤答です。

```
   3 4
+  4₁8
  7 1 2
```

計算用紙の工夫①

このような間違いをする子に

① 数字は1ますに1つずつ書く

1cm方眼5mmリーダー罫つきのノート

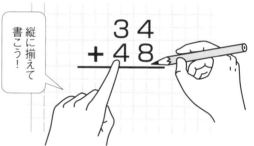

② くり上げる数は十の位の一番上に書く

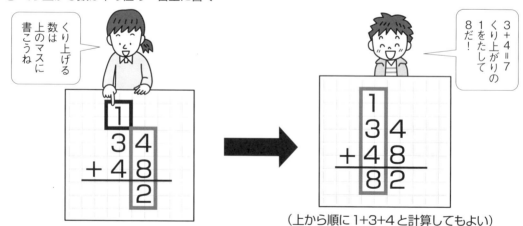

（上から順に 1+3+4 と計算してもよい）

[留意点] 計算の手順を声に出しながら計算させることも有効です。
（例） 4と8をたして12。1くり上げる。3と4をたして7。くり上がりの1をたして8。

[応用] ひき算の筆算でも，右のようにくり下げた数を斜線で消すことで，くり下がりがあったことがわかるようにします。

	⁴5̸	4
−		2 8
		2 6

長さ①

このような子に

長さの学習の中では、直線をひく指導をします。また、図形の学習では必ず作図をする場面が出てきます。点と点を定規で結ぶことや、不器用なために定規を手で押さえることができず、的確に直線をひくことが苦手な子どもがいます。そのような子どもに、ワークシートを使って直線をひく練習をします。

定規で直線をひこう

点むすびワークシート　　おなじ　ばんごうの　点と点を　むすびましょう。

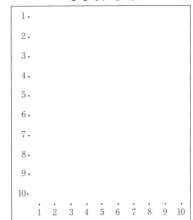

まっすぐにひく　　　　　　　　　　ななめにひく

使いやすい定規を選ぼう

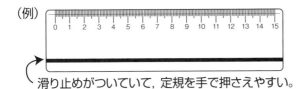

(例)　滑り止めがついていて、定規を手で押さえやすい。

フォロー定規 (15cm, 20cm, 30cm)
井上製作所 (プラスチック加工専門店)
黄色透明がメモリ・数字をスッキリと認識することができ、滑り止めゴムでしっかり固定されまっすぐな線がきちんとひけます。

[留意点]　定規の長さよりもワークシートの点の間隔を短くします。
　　　　 子どもの持っている定規は15 cmくらいのものが多いです。

③ 算数2年
長さ②

このような子に

量と測定領域の学習では，量に対する豊かな感覚が大切です。その1つとして量感（およその長さ）があげられます。しかし，筆箱の長さがおよそ何cmか，体育館の縦の長さがおよそ何mかを見積もることが苦手な子どもがいます。量感をもてるようにするために，体の一部などをものさしのように使えることをねらいとして指導します。

アイデア およそ何cm？

【 自分の身体の長さを測ってみよう 】

指　およそ1cm

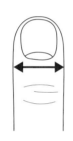
親指と人差し指の幅　およそ10cm

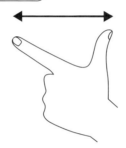

靴の大きさ　およそ25cm

腕を広げた幅　身長とほぼ同じ

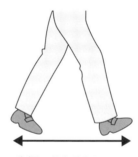
歩幅　およそ60cm

足から胸まで　およそ1m

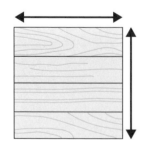
教室のタイル　1辺30cm

机　横60cm　縦40cm

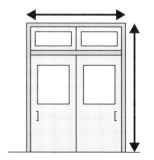
扉　横90cm たて180cm

練習 次の長さにあてはまるものはどれですか。

① 教室のつくえの横の長さ
  ① およそ20cm
  ② およそ60cm
  ③ およそ1m
  ④ およそ60m

② 教室の横の長さ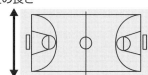
  ① およそ30cm
  ② およそ2m
  ③ およそ7m
  ④ およそ50m

③ 体育館の縦の長さ
  ① およそ100cm
  ② およそ1m
  ③ およそ30m
  ④ およそ100m

練習 （ ）にあてはまる長さのたんいをかきましょう。

① 黒板の横の長さ　4（　　）

② 校庭のトラック1しゅうの長さ　100（　　）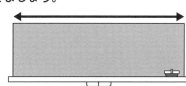

③ 辞典のあつさ　5（　　）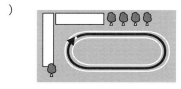

④ てつぼうの高さ　1（　　）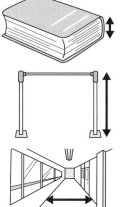

⑤ ろうかのはば　3（　　）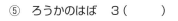

③ 算数2年
大きな数

> **このような子に**
>
> 2年生の大きな数では，数の線を学習します。数の線の1めもりは必ずしも1ではありませんが，1めもりを1だと思い込んでしまい，数の線をよむことができない子どもがいます。それは，数直線の理解や数の系列につまずきがあるからです。正しく数の線をよめるようになることをねらいとして指導します。

数直線のめもりをよむ

[応用] 3年生の重さの学習でははかりを使います。はかりによって1めもりの大きさが異なる場合があります。また，表とグラフの学習でも，1めもりの大きさはグラフによって異なります。この学習を通して1めもりの大きさが理解できるようにするとよいでしょう。

かけ算九九①

このような子に

かけ算の学習は，3年生のわり算の素地でもあります。また3年生ではかけ算の筆算，4年生でわり算の筆算を学習しますが，かけ算九九を正確に暗唱できていることが前提となります。聴覚的な記憶が苦手な子どもは，視覚的に見えるようにして九九を覚えていくことが有効です。

かけ算九九カードの工夫

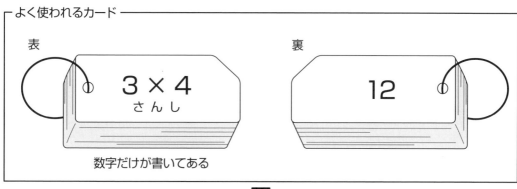

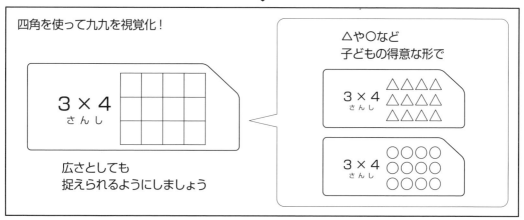

留意点　かけ算九九でつまずきの多い段は，7の段と4の段です。これは，「しち」「し」という発音を混同してしまうからです。このような子どもには無理に「しち」「し」と言わせずに，「なな」「よん」で覚えさせます。

３ かけ算九九②

算数2年

このような子に

かけ算九九を順番に唱えることはできても，ランダムに言われると，とっさに答えが出なかったり，はじめから唱えてしまったりする子どもがいます。また，自信がなく，答えが合っているのか間違っているのか不安になってしまう子どももいます。覚えにくい大きな数字の段の九九を，指を使って確かめられるように指導します。

大きな段の九九

9の段　両手を自分に向かって広げ，左から順番に指を曲げていく

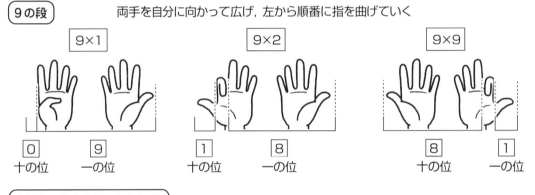

6以上の数字を使ったかけ算

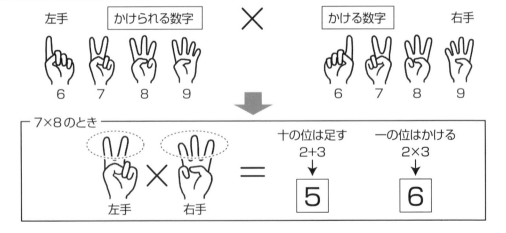

留意点　6以上の数字を使ったかけ算の覚え方は，四の段まで覚えていることが前提になるため注意が必要です。

三角形と四角形

このような子に

図形の学習では，も同じ長方形ですが，この2つの長方形の向きが変わると，同じ長方形と認識できない子どもがいます。3年生で学習する三角形でも，いわゆる逆三角形は三角形と認識できないことにつながります。どのような向きに置いても長方形と認識できることをねらいとして指導します。

アイデア　向きが変わっても同じ形

いろいろな角度で見せる

① 画用紙などであらかじめ長方形を作っておく

辺に着目させたいときはカラーマジックなどで強調しておく

② いろいろな向きにして学習を進める

ノートには

― 長方形の紙

・方眼を使わず，切り抜いた形を自由に動かしてノートに貼らせる

・作図させるときは方眼を用いても構いません

応用　3年生で学習する二等辺三角形においても，同様の誤答が多くあります。下のように等辺の1本が底辺にあると，二等辺三角形と認識できません。3年生の学習でも，図形を黒板に提示するときにはあらかじめ切り抜いた図形を提示するとよいでしょう。

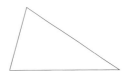

③ 算数3年
かけ算の筆算

このような子に

右のように、かけ算の筆算のくり上がりの数を小さく書けずに間違えてしまう子どもがいます。数字の大きさをそろえて書くことが苦手な子どもへの指導をねらいとしています。

アイデア 計算用紙の工夫②

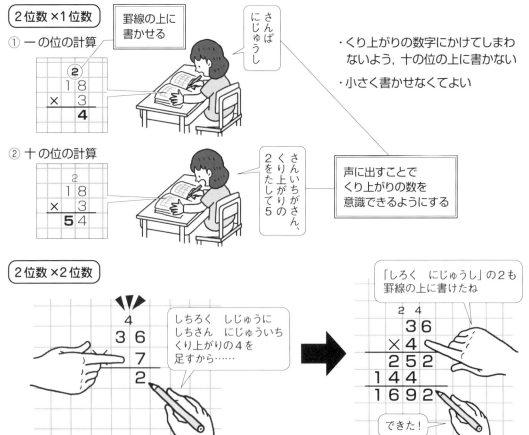

留意点　2位数×2位数の筆算では、計算している位の数だけが見えるように、教師が指で数字を隠してあげます。

円と球

このような子に

コンパスで円をかくことが苦手な子どもがいます。手先が不器用なために，途中で半径の長さが変わってしまったり，ノートの方を回してしまったりしてしまいます。道具としてのコンパスの選び方と，手首のひねり方にポイントがあります。

コンパスでかこう（右ききの例）

① 手首をひねる練習

② 実際にコンパスを持って円をかく

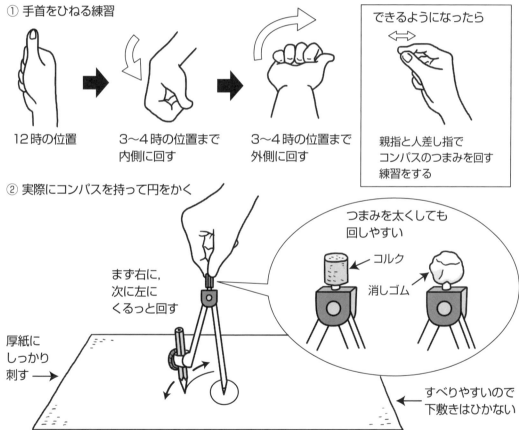

[留意点] 100円ショップでもコンパスは売っていますが，きれいに円をかくためには，中心器機構（半径をどのように開いても，持つ部分がノートに対して垂直になる機能）つきのものがおすすめです。円は今後の学習にも登場します。この時期にコンパスを使いこなせるようにしておきましょう。

３ 算数3年
表とグラフ

このような子に

3年生で棒グラフを学習します。グラフのめもりはいつも1を表しているとは限りません。1めもりが5のときも10のときもあります。数感覚が十分育っておらず，数の線についての習熟が不十分だと，正しくめもりをよむことが苦手になります。1めもりがいくつなのかを見つける手立てをもつことをねらいとして指導します。

棒グラフのめもりをよむ

下のぼうグラフで，1めもりが表している大きさをいいましょう。
また，ぼうが表している大きさをいいましょう。

① 0の次のめもりは **40** です。

② 0から40までは **2** めもりです。

③ 40までは2めもりなので
　　40÷2＝20　で
　　1めもりの大きさは **20** となります。

④ こたえは　1めもり **20人**
　　ぼうが表している大きさは **100人** です。

[練習] 下のぼうグラフで，1めもりが表している大きさをいいましょう。
また，ぼうが表している大きさをいいましょう。

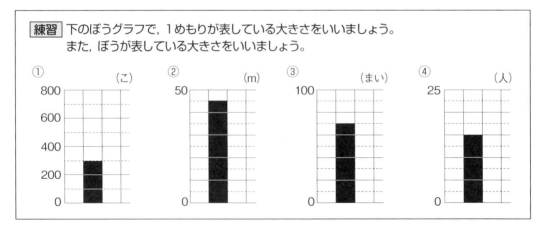

[応用]　4年生の折れ線グラフでは，波線を使ってめもりの途中を省くことがあります。その場合は，0からではなくめもりについている2つの数字の差から考えるとよいでしょう。

102

コラム3　算数におけるＩＣＴ機器の活用

　学習にＩＣＴ機器を活用することにより，発達障害のある子どもが，学習上の困難を補ったり，習熟の程度を高めたり，注意や集中を高めたりすることに効果があります。

例１：注目させる
　教科書を見ても，様々なところに目がいってしまい，本当に見てほしい部分や大切な部分が目に入らない子どもに対して，デジタル教科書や書画カメラ使って，見せたいところだけを大きく映すことができます。さらに丸を付けたり，線を引いたりすることで必要な部分に着目させることができます。

注目させたいところを囲んで表示

例２：タブレットＰＣを用いて計算力をアップ
　計算学習アプリケーションには，手書き入力で正誤判定のできるものがあります。低学年では，たし算やひき算，かけ算九九の習熟の程度には個人差が大きいものです。計算学習アプリケーションを活用することで，教師の丸付けを待たずに，個の習熟の程度に合わせて計算学習に取り組むことができます。また，高学年では，かけ算九九など計算の習熟が十分でない子どももいます。タブレットＰＣならば，短時間でも下学年の学習内容にさかのぼって学習に取り組むことができます。

計算問題の自動正誤判定機能

例３：試行錯誤で考えを引き出す
　ノートやワークシートの前では考え込んでしまい，鉛筆が動かない子どもでも，何度でもやり直しがきくタブレットＰＣだと活動を始める場合があります。４年生のＬ字型の求積，５年生の平行四辺形や三角形，台形の求積など，等積変形や倍積変形する学習で有効です。

例４：デジタルコンテンツ
　デジタルコンテンツを用いると，教科書の図をＰＣ上でシミュレーションすることができます。例えば円の面積の公式を導き出す際に，円を直径で切り，長方形に組み直していく様子が視覚的によくわかります。また，直線の引き方，平行・垂直のかき方，円の作図など動画で何回も繰り返し見ることができます。左利き用の動画もあります。

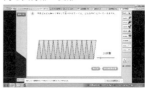
円を長方形へ変形

例５：写真機能を使って
　身の回りから算数を見いだす活動として，例えば２年生では，学校の中で，かけ算の式にかける場面を探す活動があります。また，P94のように身の回りの長さを見積もる活動があります。これらにタブレットＰＣの写真機能を使うと効果的です。

コンパスを使った円のかき方

出典：東書Ｅネット　フリーコンテンツ

3 算数4年
直方体と立方体①

このような子に

展開図を見て，向かい合った面がどの面とどの面なのかなかなかイメージできない子どもがいます。展開図から頭の中で立体を構成するのが苦手なのです。そこで，立体を組み立てたり，できた立体を切り開いたりして，立体と展開図を頭の中で結びつけることをねらいとして指導します。

立体を開いて展開図をつくろう

① 立方体を組み立てる

② 立方体を解体する

[留意点] 7か所切ると，展開図ができます。立方体の展開図は11種類ありますが，全部つく作らせる必要はありません。直方体の場合は，面の形が変わります。

[応用] 6年生では柱体や錐体の展開図を学習します。そのときも，同じように面から立体をつくる，つくった立体を切り開いて展開図をつくるという過程を繰り返すとよいでしょう。

直方体と立方体②

このような子に

立体の単元では，立体における辺と辺の平行，垂直，面と面の平行，垂直，面と辺の平行，垂直関係について学習します。しかし，空間認知が苦手な子どもは，立体の面と面や辺の位置関係が捉えにくくなります。展開図（平面）の上で，立体の平行や垂直の関係を理解することから学習します。

面や辺の平行・垂直

辺と辺の平行 ａと平行な辺はどれ？

・展開図の上で平行な辺は，組み立てても平行になります。

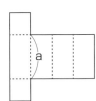

辺と辺の垂直 ａと垂直な辺はどれ？

・展開図の上でとなりあった辺が，組み立てたとき垂直になります。
※展開図上では別の辺に見えていても，組み立てたときに重なる辺があることにも気づかせましょう。

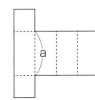

面と面の平行，垂直

・展開図の上では，1つおきに平行な面があります。
・展開図の上でとなりあった面（□と○，□と△）は，辺のときと同じように，垂直の関係にあります。

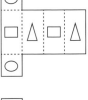

面と辺の平行，垂直 Ａに平行な辺（垂直な辺）はどれ？

・展開図上で面と平行な辺は，組み立てたときにも平行になっています。
・展開図上で面となりあった辺は，辺のときと同じようにとなりあった辺になります。
※展開図上では別の辺に見えていても，組み立てたときに重なる辺があることにも気づかせましょう。

留意点　ａと平行な辺には赤，ａと垂直な辺には青というように，色をつけることで理解しやすくなります。展開図は実際に組み立ててみましょう。透明な立体模型の展開図が用意できれば，反対側が透けて見えるので，より理解がしやすくなります。

③ 算数4年
1より大きい分数

このような子に

分数の乗法・除法は6年生で学習します。その際，帯分数を仮分数に直せない子どもがいます。帯分数を仮分数に直す内容は4年生で学習しますが，技能（手順）が十分に定着していないか，分数の大きさに関する知識が十分でないことが考えられます。仮分数と帯分数を自在に変換できるようにすることをねらいとして指導します。

仮分数と帯分数

★ 整数になるのは？

　分母と分子が同じ数のときは1　　例 $\frac{4}{4}=1$　　ほかに1となる分数は？

　分子が分母の2倍の数のときは2　　例 $\frac{8}{4}=2$　　ほかに2となる分数は？

★ 仮分数と帯分数は次のような関係です。

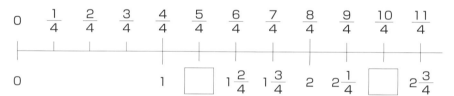

★ $\frac{7}{4}$ を帯分数に直しましょう。

＜手順＞

　$7 \div 4 = 1$ あまり 3

　↓

　$\frac{7}{4} = 1\frac{3}{4}$

＜考え方＞

分子の7の中に分母の4が1つ分あります。
分母の4を1つ分とると，3あまります。
式にすると左のようになります。

商の1が帯分数の整数の部分になります。
あまりの3が帯分数の分子になります。

 次の仮分数を帯分数か整数に直しましょう。

① $\frac{9}{4}$　　② $\frac{13}{4}$　　③ $\frac{9}{3}$　　④ $\frac{16}{5}$　　⑤ $\frac{35}{6}$

106

★ $2\frac{3}{4}$ を仮分数に直しましょう。

<手順>

分子の数　4 × 2 + 3 = 11

$2\frac{3}{4} = \frac{11}{4}$

<考え方>

2は，$\frac{1}{4}$ が8こ分あることを示しています。

$2 = \frac{8}{4}$ です。

$2\frac{3}{4}$ は 2の $\frac{8}{4}$ と $\frac{3}{4}$ をたした $\frac{11}{4}$ となります。

式に表すと左のようになります。

練習1

次の帯分数を仮分数に直しましょう。

① $2\frac{1}{4}$　② $1\frac{2}{4}$　③ $3\frac{2}{5}$　④ $2\frac{3}{7}$　⑤ $1\frac{5}{9}$

練習2

同じ大きさの分数を線でむすびましょう。

$3\frac{4}{7}$ ・　　・ $\frac{15}{2}$

$1\frac{2}{4}$ ・　　・ $\frac{25}{7}$

$7\frac{1}{2}$ ・　　・ $\frac{14}{5}$

$2\frac{2}{3}$ ・　　・ $\frac{6}{4}$

$4\frac{2}{3}$ ・　　・ $\frac{14}{3}$

$2\frac{4}{5}$ ・　　・ $\frac{8}{3}$

留意点　仮分数と帯分数の関係は，数直線に示すとわかりやすいです。1つの例で理解できない場合は，数直線を利用して，他の分母の例も示すとよいでしょう。

③ 算数4年
2桁のわり算の筆算

このような子に

わり算の筆算で，わる数が2桁になると，商の見当がなかなかつけられない子どもがいます。教科書では，わる数の一の位を切り捨てたり切り上げたりして計算する展開となっていますが，頭の中でおよその数に置き換えて考えるのが苦手なために，適切な商が立てられないのです。このような子どもが，商が立てられることをねらいとして指導します。

商の見当をつけよう

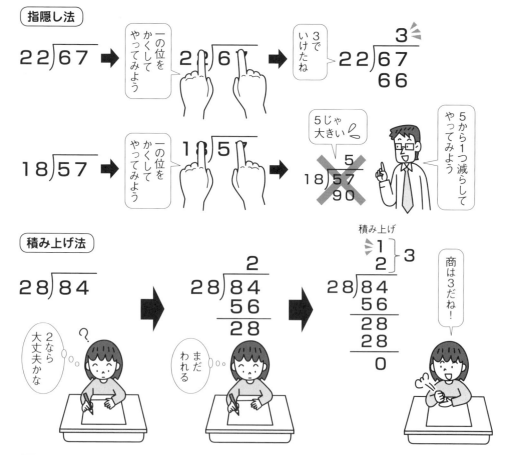

留意点　指隠し法では，わる数によっては商の修正が必要になります。積み上げ法では商の修正をしなくてすみますが，ノートを上にも下にも使うことになります。子どものやりやすい方法で確実にできるようにしましょう。

③ 算数5年
比例

このような子に

高学年では，比例の関係を理解することがとても大切です。なぜなら，比例の関係は，そのまま小数の乗除の関係を表しています。また，P●からで使用する数直線も，比例の関係を前提にしています。しかし，伴って変わる量を，差でしか捉えられない子どもがいます。比例の関係がよくわかるようになることをねらいとして指導します。

何かが変わると，何かも変わる──その関係は？

① 長方形の色板を数枚用意し，1枚ずつゆっくりと並べていきます。

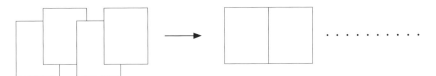

② 「増えているのは何と何ですか」と，教師が子どもにたずねます。

③ 子どもの答えとして，「長方形の枚数と面積」と「横の長さと面積」の2通りが考えられます。どちらも正解とします。

④ 子どもが「長方形の枚数と面積」と答えた場合……教師は1枚あたりの面積を示します。
子どもが「横の長さと面積」と答えた場合……教師は横の長さ，たての長さを示します。

⑤ 表に表して，2つの数の変化を考えます。

長方形の枚数（枚）	1	2					
面積（cm²）	15						

留意点　1枚増えると15cm²増えるというのは差の見方です。ここでは，枚数が2倍，3倍……になると，面積も2倍，3倍……になるという「倍の見方」を指導します。

③ 算数5年
演算の決定①

このような子に

5年生で小数のかけ算やわり算を学習しますが，問題文を読んで，かけ算なのか，わり算なのか，わる数やわられる数はどれなのかがわからなくなってしまう子どもがいます。文章題の場面を数直線に表す練習をすると，どんな計算かが一目でわかるようになります。単位に注目して問題文を色分けするなど，視覚的な支援も取り入れましょう。

数直線に表そう：しくみ

★数直線を完成させてみましょう。

| 問題 | 1人に色紙を8まいずつ配ります。
6人に配るとぜんぶで48まいになりました。 |

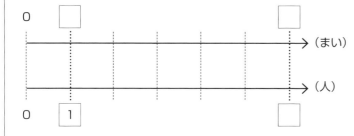

どの□に入るかな？

・上の線は色紙の枚数を表しています。

・下の線は人数を表しています。

① 1人にあたるところに
　1を書き入れましょう。

② 1人に配った色紙のまい数は8まいです。
　8をどこに書き入れればいいでしょう。

③ この色紙は6人に配られました。
　6を書き入れましょう。

④ 6人に8まいずつ配ると
　ぜんぶで48まいになりました。
　48を書き入れましょう。

これで，1人分のまい数が8まいであることが数直線に表されたね

6人分の色紙48まいであることが数直線に表されたよ

★数直線のしくみを調べてみましょう。

| 問題 | 配る人数を2人，3人とふやすと，色紙のまい数はどのようにかわっていくでしょう。□にあてはまる数を入れましょう。 |

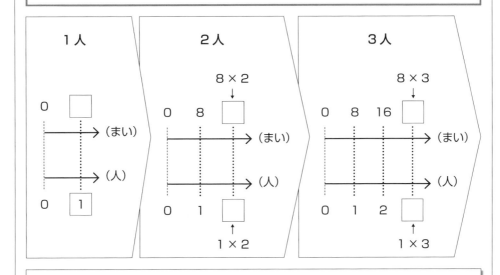

☆数直線では人数が2倍になると，まい数も2倍になります。
また，人数が3倍になると，まい数も3倍になります。

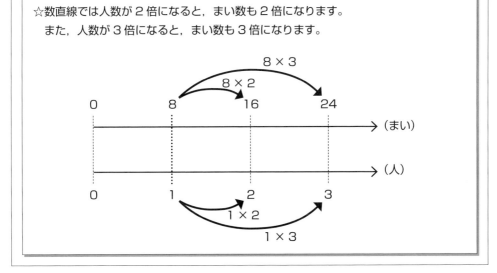

[留意点] 2本の数直線を使って問題場面の4つの数字の関係を表すことができます。問題場面を理解したり，どんな計算をすればよいのかを決めたりするのに，数直線を使うとわかりやすいです。

3 算数5年
演算の決定②

このような子に

P110で学習した数直線を使って，かけ算の文章題を解いてみましょう。このパターンの問題文には，必ず3つの数が書いてあります。求める数を□で表すと，数直線ができます。まずは，数直線をかいてどんな計算になるのか考えさせます。

数直線に表そう：かけ算の文章題

★数直線を完成させましょう。

| 問題 | 1まい15円の色紙があります。
その色紙を6まい買いました。
代金は□円になります。 |

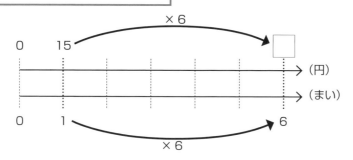

① まい数は6まいなので，1まいの6倍とみることができます。
　　ですから，ねだんも1まいのねだんの□倍になります。
② ①のことから式をたててみましょう。

式	答え

☆数直線では，1にあたる量が下の線になります。
☆数直線では，下のように間の線を省略してもかまいません。

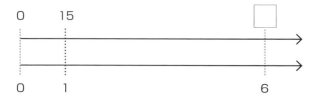

練習1

問題　1こ30円のおかしがあります。
　　　そのおかしを12こ買います。
　　　代金は□円になります。

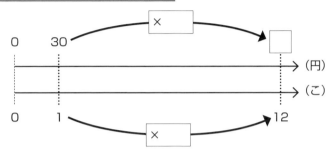

① ×　にあてはまる数を書きましょう。
② 数直線をみて式をたてて，答えを求めましょう。

| 式 | 答え |

練習2

問題　1人にあめを3こずつ配ります。
　　　27人に配ると，あめは□こいり
　　　ます。

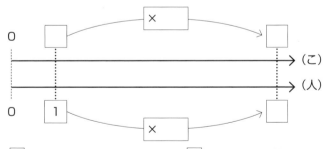

① □はどの　に入りますか。また，数直線の　にあてはまる数を書きましょう。
② 数直線をみて式をたてて，答えを求めましょう。

| 式 | 答え |

3 演算の決定③

算数5年

このような子に

P110で学習した数直線を使って，わり算の文章題を解いてみましょう。わり算はかけ算の逆算なので，かけ算の式からわり算の式を導くことができます。そこで，わり算の場合でも，数直線をかいたら，一度かけ算の式を立てることがポイントです。数直線がかけたら，□を使ったかけ算の式に表し，次に，□を使ったかけ算の式をわり算の式に直します。

数直線に表そう：わり算の文章題

★数直線を完成させましょう。

| 問題 | 84まいの色紙があります。
6人に同じ数ずつ分けます。
1人分は何まいになるでしょう。 |

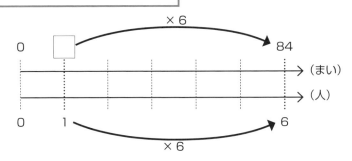

① 6人は，1人の6倍とみることができます。
　　ですから，1人分まい数の □ 倍が84まいになります。

② ①のことから，□まいの6倍が84まいです。
　　このことを式に書くと
　　　　□×6＝84
　　　　　　　となります。

③ この式から□を求める式を書きましょう。

| 式 | 答え |

114

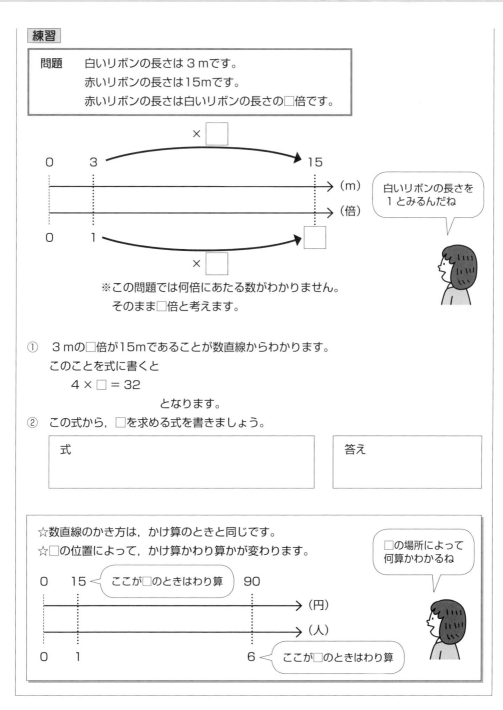

③ 算数5年
倍数と約数

このような子に

約分の考え方や手順はわかっていても、約分ができる分数かどうかを見抜けない子どもがいます。また、約分ができるとわかっていても、分母と分子をいくつでわればよいのか見当をつけられない子どもがいます。約分ができるかどうかを見抜き、約分の答えが出せることをねらいとして指導します。

約分ができる分数を見つけよう

★分母と分子が、かけ算九九の同じ段にあれば約分できる。

例　7の段（7, 14, 21, 28, 35, 42, 49, 56, 63）

$$\frac{21}{35} = \frac{21 \div 7}{35 \div 7} = \frac{3}{5} \qquad \frac{49}{63} = \frac{49 \div 7}{63 \div 7} = \frac{7}{9}$$

練習1　次の分数の分母と分子の数は何の段にあるかを考えて約分しましょう。

① $\frac{28}{49}$　　② $\frac{20}{25}$　　③ $\frac{18}{24}$　　④ $\frac{12}{21}$

★分母も分子も偶数なら、2でわれる（偶数は一の位が0, 2, 4, 6, 8の数）。

練習2　分母も分子も偶数の分数を見つけて、2で約分しましょう。

① $\frac{14}{16}$　　② $\frac{4}{10}$　　③ $\frac{12}{23}$　　④ $\frac{22}{34}$

★一の位の数と十の位の数をたして3の倍数なら3でわりきれる。

例　45……4＋5＝9　9は3の倍数だから45は3でわりきれる。　45÷3＝15

練習3　3の倍数を見つけましょう。

① 36　② 48　③ 29　④ 56　⑤ 81　⑥ 73

★一度で約分できないときは，これ以上われない数まで約分できる。

例　　　6
　　　　18　　　① 分母も分子も偶数だから２で約分できる

　　　　36
　　　　42　　　② 1＋8＝9　　2＋1＝3
　　　　21　　　　　だから，分母も分子も３で約分できる
　　　　7

練習4　次の分数を約分しましょう。

① $\dfrac{12}{18}$　　② $\dfrac{16}{24}$　　③ $\dfrac{24}{30}$　　④ $\dfrac{63}{81}$

練習5　次の分数を約分しましょう。

① $\dfrac{8}{10}$　　② $\dfrac{9}{21}$　　③ $\dfrac{25}{35}$　　④ $\dfrac{12}{20}$

⑤ $\dfrac{28}{42}$　　⑥ $\dfrac{27}{45}$　　⑦ $\dfrac{36}{48}$　　⑧ $\dfrac{18}{27}$

⑨ $\dfrac{30}{42}$　　⑩ $\dfrac{35}{56}$　　⑪ $\dfrac{24}{64}$　　⑫ $\dfrac{30}{48}$

留意点　分母も分子も同じ九九の段にあることがわかれば，約分は１回ですみます（最大公約数でわれば１回で既約分数にすることができます）。それがポイント１です。また，最大公約数を見つけられない場合は，まず２でわる，３でわるというように，何回かに分けて約分するとよいでしょう。そのために，ポイント２と３のように指導します。

③ 算数5年
百分率

このような子に

割合は1より小さい倍として学習します。「1の2倍」「1の3倍」ならば，もとにする量のいくつ分かをわかりやすく図に表すこともできますが，「10の0.2倍」などの場合は，捉えるのがむずかしくなります。そこで，まず10×10の方形図を用いて，百分率を視覚的にわかりやすく示し，指導します。

百分率（割合）

教科書では……
割合 ＝ くらべられる量 ÷ もとにする量

➡ 方形図を用いて……
割合 ＝ $\dfrac{部分}{全体}$ ＝ 部分 ÷ 全体

★割合について考えましょう。

 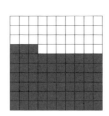

① 100ますの方眼があります。　② そのうち63ますが黒です。

③ 100ますのうち63ますが黒いので $\dfrac{\Box}{100}$ と表します。

④ この $\dfrac{\Box}{100}$ は，百分率を使って，次のような言い方で表します。

「100ますをもとにした，黒のますの割合は63　　　　です」

⑤ $\dfrac{63}{100}$ ＝ 63 ÷ 100 ＝ 0.63　であることから，次のような言い方もできます。

「100ますをもとにした，黒のますの割合は　　　　です」

練習1 100ますをもとにした，黒のますの割合を百分率と小数で答えましょう。

① 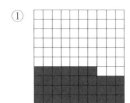　② 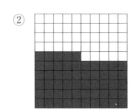　③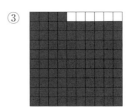

118

★いずみさんの学級は25人です。そのうち男子は15人です。男子の人数は、学級全体の人数のどれだけの割合ですか。小数と百分率で答えましょう。

全体：学級の人数　25 人
部分：男子の人数　15 人

割合 ＝ 部分/全体 ＝ $\frac{15}{25}$ ＝ 15 ÷ 25 ＝ 0.6

百分率を求めるには、100をかけます。
0.6 × 100 ＝ 60

答え　小数0.6　百分率60％

全体はいくつか
部分はいくつかを問題文から
よみとらせましょう

練習2

①子どもが10人います。そのうち女の子は7人です。
　女の子の人数は、子ども全体の人数のどれだけの割合ですか。
　小数と百分率で答えましょう。

②ゲームクラブの定員は20人です。入部の希望者が15人いました。
　ゲームクラブの入部の希望者は、定員のどれだけの割合ですか。
　小数と百分率で答えましょう。

③あさがおの種を50つぶまきました。そのうち45つぶが芽を出しました。
　芽を出した種の数は、まいた種の数のどれだけの割合ですか。
　小数と百分率で答えましょう。

④定価500円のお菓子を買ったら、50円安くしてくれました。
　安くしてくれた金額は、定価のどれだけの割合ですか。
　小数と百分率で答えましょう。

留意点　割合では、「小数、百分率（パーセント）、歩合（割・分・厘・毛）」など、表記が多様なのも学習がつまずきやすい原因の1つです。1つずつ定着してから進めます。

③ 算数6年
速さ

このような子に

速さは時間と距離の2つの量で表されます。しかし，文章題になると，問題の意味を捉えるのが苦手な子どもがいます。また，どの数とどの数をかけるとかわるのか，混乱してしまうこともあります。そこで，問題場面を2本の数直線に表すことで，単純な構造にして，演算の決定ができるようになることをねらいとして指導します。

数直線に表そう：速さの文章題

[速さ] 北陸新幹線「かがやき」は2時間で520km走ります。時速を求めましょう。

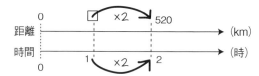

速さは単位当たりの量ですから，1の上の □ の位置を求めます。

□×2＝520
□＝520÷2＝260　　答え　260km

[距離]
北陸新幹線「かがやき」は時速260kmで走ります。2時間で進む距離を求めましょう。

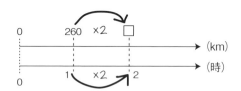

距離は□の位置になります。

260×2＝520　　答え　520km

[時間]
北陸新幹線「かがやき」が時速260kmで走ります。東京から金沢まで650kmです。何時間何分かかりますか。

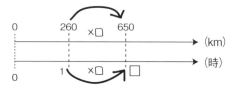

距離は□の位置になります。

260×□＝650
□＝650÷260＝2.5
答え　2時間30分

[留意点]　時間と距離は比例の関係にあります。数直線に表せれば，あとは形式的に計算するだけです。数直線の仕組みを理解できるように指導しておくことが大切です。

円の面積

このような子に

円の面積の公式は6年生で学習します。円周の公式は5年生で学習します。このとき，2つの公式が似ているので混同してしまう子どもがいます。公式を覚えるのが苦手な場合，丸暗記すると間違えてしまう原因になります。2つの公式が表す内容を具体物でイメージし，違いを理解できるようになることをねらいとして指導します。

円の面積の公式と円周の公式

円周の公式

円周 = 直径 × 3.14

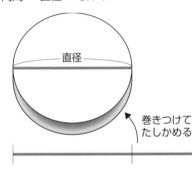

① チーズの入れ物やお菓子の箱など，できるだけ平たい円柱の箱を用意します。
② 直径の長さを計ります。
③ ②のおよそ3倍の長さにひもを切ります。
④ ③のひもを円柱の箱の回りにあて，ひもの長さが，円周より少しだけ長いことを確かめます。

円の面積の公式

円の面積の公式 = 半径 × 半径 × 3.14

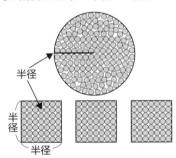

① チーズの入れ物やお菓子の箱など，できるだけ平たい円柱の箱を用意します。
② 円柱の箱に，ビーズなどを敷き詰めます（できるだけ2重に重ならないように）。
③ 円柱の箱の半径と1辺の長さが同じ正方形の箱を3つ用意します。
④ 円柱の箱から正方形の箱にビーズを移動します。3箱分と少し余ることがわかるようにします。

余り 正方形の箱のおよそ0.14個分

留意点 ①円周が直径の3倍ちょっとであること，②円の面積が半径と同じ大きさの正方形の面積の3倍ちょっとであることを，具体物を用いてイメージさせることで記憶の手がかりとします。

第3章 障害特性に応じた指導

1 SLD のアセスメントと指導のポイント

SLD（限局性学習症）とは
読みが困難な子どものチェックと指導
書くことが困難な子どものチェックと指導
計算することが困難な子どものチェックと指導
学年に応じた学習支援のポイント

2 ADHD のアセスメントと指導のポイント

ADHD（注意欠如・多動症）とは
不注意がある子どものチェックと指導法
多動がある子どものチェックと指導法
衝動性がある子どものチェックと指導法
ADHD の子どもの行事へのサポート

3 ASD のアセスメントと指導のポイント

ASD（自閉スペクトラム症）とは
自閉傾向が強い子どものチェックと指導
アスペルガータイプの子どものチェックと指導
感覚過敏と感覚鈍麻のチェックと指導
将来へ向けたチェックと指導

4 小集団活動の指導のポイント

不器用な子どもへの対応
常識を身につける指導法
行事への参加
ICT 機器を活用した指導

SLD のアセスメントと
指導のポイント

1

ADHD のアセスメントと
指導のポイント

2

ASD のアセスメントと
指導のポイント

3

小集団活動の
指導のポイント

4

1 SLD のアセスメントと指導のポイント
SLD（限局性学習症）とは

　文部科学省の定義によると，学習障害（LD）は，全般的な知的発達に遅れがないものの，「聞く」「話す」「読む」「書く」「計算・推論する」能力のうち，いずれかまたは複数のものの習得・使用に著しい困難を示す状態です。アメリカ精神医学会の『DSM-5』では，限局性学習症・限局性学習障害（Specific Learning Disorder：SLD）という名称が用いられ，以下のような診断基準が設けられています。

　A. 学習や学業的技能の使用に困難があり，その困難を対象とした介入が提供されているにもかかわらず，以下の症状の少なくとも1つが存在し，少なくとも6カ月間持続していることで明らかになる：

（1）不的確または速度が遅く，努力を要する読字（例：単語を間違ってまたはゆっくりとためらいがちに音読する，しばしば言葉を当てずっぽうに言う，言葉を発音することの困難さをもつ）

（2）読んでいるものの意味を理解することの困難さ（例：文章を正確に読む場合があるが，読んでいるもののつながり，関係，意味するもの，またはより深い意味を理解していないかもしれない）

（3）綴字の困難さ（例：母音や子音を付け加えたり，入れ忘れたり，置き換えたりするかもしれない）

（4）書字表出の困難さ（例：文章の中で複数の文法または句読点の間違いをする，段落のまとめ方が下手，思考の書字表出に明確さがない）

（5）数字の概念，数値，または計算を習得することの困難さ（例：数字，その大小，および関係の理解に乏しい，1桁の足し算を行うのに同級生がやるように数字的事実を思い浮かべるのではなく指を折って数える，算術計算の途中で迷ってしまい方法を変更するかもしれない）

（6）数学的推論の困難さ（例：定量的問題を解くために，数学的概念，数学的事実，または数学的方法を適用することが非常に困難である）

　B. 欠陥のある学業的技能は，その人の暦年齢に期待されるよりも，著明にかつ定量的に低く，学業または職業遂行能力，または日常生活活動に意味のある障害を引き起こしており，個別施行の標準化された到達尺度および総合的な臨床評価で確認されている。17歳以上の人においては，確認された学習困難の経歴は標準化された評価の代わりにしてよいかもしれない。

　C. 学習困難は学齢期に始まるが，欠陥のある学業的技能に対する要求が，その人の限られた能力を超えるまでは完全には明らかにはならないかもしれない（例：時間制限のある試験，厳しい締め切り期限内に長く複雑な報告書を読んだり書いたりすること，過度に重い学業的負荷）。

　D. 学習困難は知的能力障害群，非矯正視力または聴力，他の精神または精神疾患，心理社会的逆境，学業的指導に用いる言語の習熟度不足，または不適切な教育的指導によってはうまく説明されない。

（日本精神神経学会（日本語版用語監修），高橋 三郎・大野 裕（監訳）『DSM-5 精神疾患の診断・統計マニュアル』pp65-66，医学書院，2014より転載）。

　限局性学習症の症状は一人一人異なり，障害の重さにも差があります。指導に役立つアセスメントのために，保護者の了解の下に，WISC-ⅣやKABC-Ⅱ，DN-CASなど，標準化された検査もぜひ実施しておきたいところです。

アセスメントの基本

1．誤り分析をしよう

子どもの国語・算数のテストやノート，ふだんの音読の様子を観察するなどして，学習における間違いの状態を正確に把握します。どこが間違っているのかをつかむとの同時に，子どもがなぜ間違っているのかを考えていくことが重要です。

どのような間違いなのか

・漢字の細部が見られない

・同じ音の違う字を書いている　など

なぜこのような間違いをしたのか

・計算の手順が間違っている

・九九が間違っている　など

2．困難の部分に応じた検査を使おう

さらに困難の背景について知るために，子どもの苦手な領域に関する検査を利用します。下記に紹介した市販の検査のほか，研究者が個人で開発したものもあります。研修会やWEBなどで情報を集め，入手可能かどうかについても確かめるとよいでしょう。

特異的発達障害
診断・治療のための
実践ガイドライン

発行：診断と治療社

CARD
包括的領域別読み能力検査

発行：スプリングス

多層指導モデル MIM
「読みのアセスメント・指導パッケージ」

発行：学研

改訂版
標準 読み書き
スクリーニング検査
—正確性と流暢性の評価—

発行：インテルナ出版

読み書き困難児のための
音読・音韻処理能力
簡易スクリーニング検査 ELC

発行：図書文化社

① SLD のアセスメントと指導のポイント
読みが困難な子どものチェックと指導

読むことに困難がある子どもの様子

　まったく読めない子どもが読むことに困難があるのはもちろんですが，たどたどしく読む，単語の区切りでないところで区切って読んでしまう，行を飛ばして読んでしまう，語尾を勝手に変えて読んでしまうというのも，読むことに困難がある状態です。読んでも内容を理解できない場合も読むことに困難があると考えます。

アセスメントと指導の指針

　読みについて，まず「ひらがな」「カタカナ」「漢字」のいずれで読めなくなっているのか，読めないだけなのか，読めないのと書けない状態なのかなどを明らかにします。またどこまで学習を習得できているかを明らかにします。つまずきに応じて用意する教材のレベルが変わります。

　次に，読み困難の背景を把握するために，音韻認識，ワーキングメモリ，音・文字変換スピードなどに弱さがあるのかどうかをチェックしていきます。つまずきに応じた指導方法を工夫します。

音読について	まず当該学年程度の内容の文章を使って，子どもが初見で読めるかどうかを確認することが重要です。読むスピードが遅い，読み方がたどたどしい，どんな漢字・単語で間違えるか，読み飛ばしがあるなど，音読の特徴をチェックします。子どもの様子を，ビデオ撮影や録音などをしておくとよいでしょう。なお，読みに困難がある子どもは，書くことにもつまずきがあると推測されます。
音韻について	音声から音素や音節を抽出したり操作したりする力についてチェックします。市販の検査があまりないので，音韻トレーニングの教材などを使って確かめましょう。
ワーキングメモリについて	ワーキングメモリとは，情報を頭の中に一時的に留めて，それを処理する能力のことです。これも市販の検査があまりないので，書籍などから課題を明確にするとよいでしょう。
音・文字変換スピードについて	視覚刺激（絵や色，文字，数字など）を音へ変換する速度についてチェックします。視覚的認知機能，音の想起能力，発話能力など複数の機能が関与すると考えられています。「RAN 課題（ラピッドネーミング課題)」で確かめることができます。

アイデア 困難の要因に応じた指導方法

音読・音韻のトレーニング

音はいくつ？

2つめの音は？

3つめの音を抜くと？

ワーキングメモリのトレーニング

逆から言おう

〈有意味語で〉
　たこ → こた
　こたつ → つたこ

〈無意味語で〉
　へみ → みへ
　とまき → きまと

〈数など〉
　4−8 → 8−4
　3・9・7 → 7・9・3

思い出して言おう

聞く　　別のことをする　　最初の4つのことばを思い出す

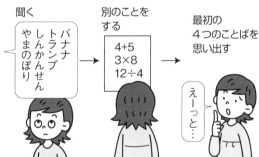

音文字変換スピードのトレーニング

形の名前を言おう

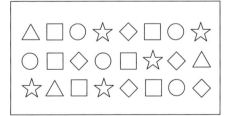

留意点　課題はひらがな2文字の単語からはじめ，徐々に多くしていきます。また，意味のある言葉だけでなく，無意味語（非語）や数字などでも行います。

① SLD のアセスメントと指導のポイント
書くことが困難な子どものチェックと指導

● 書くことに困難がある子どもの様子

　ひらがなやカタカナ，漢字が書けない状態や，しばしば書き間違う，なかなかスッと思い出せないなどの状態も，書くことに困難があるといいます。それだけではなく，漢字がなかなか覚えられないという状態や，書字の形が取りにくい状態も書くことに困難がある状態といえます。

アセスメントと指導の指針

　書くことについて，まず「ひらがな」「カタカナ」「漢字」のいずれで書けなくなっているか，書けないだけなのか，読めなくて書けない状態なのかなどを明らかにします。また，どこまで学習を習得できているかを明らかにします。つまずきに応じて用意する教材のレベルが変わります。

　次に，困難の背景を把握するために，文字の細かいところが見えているか，左右や縦横の位置関係が理解できているか，思った通りに手指をコントロールする力があるかなどをチェックします。このとき，プリントやノートに書かれた文字だけでなく，実際に文字を書いている様子や書く際の鉛筆の持ち方や筆圧なども，あわせて見ていくことが重要です。つまずきに応じた指導方法を工夫します。

視機能・視知覚について	通常の視力検査（遠近視力）に加えて，教科書などの小さく細かい文字が見えるか（近見視力），黒板をノートに移すときの目の動きや目のピント合わせ（眼球運動機能）はどうかをチェックします。また形を捉える力が弱かったり，細かいところが捉えにくかったりする場合から，形を構成する力の弱さが書くことに影響することもあります。市販の視知覚検査のほか，「フロスティッグ視知覚検査」や「WAVES」といった新しい検査があります。
視空間認知について	鏡文字は，文字を書く向きに混乱があると考えられます。上下左右などの位置や向きがわかるかをチェックします。左右については，市販はされていませんが「左右検査」などで確かめることができます。
不器用さについて（眼と手の協応運動）	自分の思ったとおりに手指をコントロールする力があるかをチェックします。線なぞりや点つなぎなどの課題で確かめることができます。また，書字の様子をビデオなどで撮影して，鉛筆の持ち方や筆圧，姿勢などについても検討するとよいでしょう。

アイデア 困難の要因に応じた指導方法

子どもが文字を書いているところをしっかり観察しよう

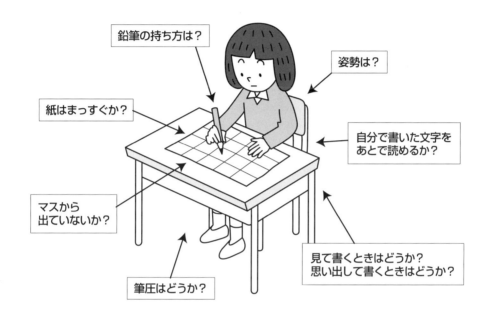

どっちが右？

点つなぎをしよう

上の見本を
下に書き写す

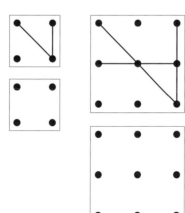

① SLD のアセスメントと指導のポイント

計算することが困難な子どものチェックと指導

● 計算することに困難がある子どもの様子

　たし算，ひき算の計算ができない状態ももちろん計算に苦手を持っているといえますが，簡単な暗算もできない，筆算での計算もしばしば間違う，九九が覚えられない，または覚えてはいるが計算で使うことができない状態なども，計算が苦手と考えられます。計算にとても時間がかかるなどの状態も同様です。

アセスメントと指導の指針

　算数・数学は内容の系統性や学習の連続性が明確な教科なので，困難のある領域とレベルを明らかにしたら，1つ前の学習課題に戻って復習を行うことが基本です。つまずきに応じた教材と指導法を工夫します。以下の表でつまずきをチェックします。

計算や推論の困難に関する気づきの項目

領域	No.	項目	ない	ときにある	よくある
数処理	1	数字を見て，正しく数詞を言うことができない（読み）。			
	2	数詞を聞いて，正しく数字を書くことができない（書き）。			
	3	具体物を見てそれを操作（計算するなど）して，その数を数字や数詞として表すことができない。			
数概念（序数性）	4	小さい方から「1，2，3，…」と数詞を連続して正しく言うことができない（目安として120くらいまで）。			
	5	自分が並んでいる列の何番目か言い当てることができない。			
数概念（基数性）あるいは数量感覚	6	四捨五入が理解できない。			
	7	数直線が理解できない。			
	8	多数桁の割り算において，答えとなる概数がたてられない。			
計算（暗算）	9	簡単な足し算・引き算の暗算に時間がかかる。			
	10	九九の範囲のかけ算・割り算の暗算に時間がかかる。			
計算（筆算）	11	多数桁の数の足し算・引き算において，繰り上がり・繰り下がりを間違える。			
	12	多数桁の数のかけ算において，かけたり・足したりの途中計算を混乱したり，適切な位の場所に答えを書くところで間違える。			
	13	多数桁の割り算において，答えの書き方や適切な位の場所に答えを書くところで間違える。			
文章題	14	文章題の内容を視覚的なイメージにつなげられず，絵や図にすることができない。			
	15	答えを導き出すための数式がたてられない。			

出典：日本LD学会研究委員会「高校におけるLD気づきのための手引き」2014に，熊谷恵子が項目1〜5を追加

アイデア **困難の要因に応じた指導方法**

数の概念のトレーニング

順番に数えよう

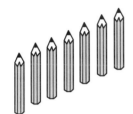

ひとつとばしで数えよう

2-☐-6-☐
-10-12-☐

10になるのは？

サクランボ計算をしよう

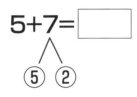

どちらが多い？

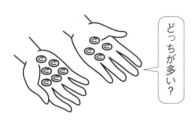

数えずに、見てぱっと判断できるようにする

計算のトレーニング

暗算で答えよう

筆算しよう

留意点　暗算・筆算の困難には，ワーキングメモリや視空間認知等の弱さが関連している場合もあります。ワーキングメモリ機能や視空間認知についても確かめてみましょう。

① SLD のアセスメントと指導のポイント
学年に応じた学習支援のポイント

在籍級での学びを支えるために

　SLD の子どもの実態（学習困難についてのアセスメント）から支援を考えるのはもちろんですが，在籍級の授業でのスムーズな学びを支えるために，学年に応じて支援を考えていくことも必要です。

1．教科について
●国語

　低学年では「ひらがな」を習得することが重要な課題になります。読み書きのスピードが遅く，何とか思いだしながら読み書きしている状態は，文字を正しく覚えていないことを表しています。ひらがなをスムーズにテンポよく読んだり書いたりできるか，特殊音節のある単語をスムーズに読めるかをチェックしてみます。

　中学年以上では，「漢字」の読み書きができることが重要になってきます。どの学年の漢字でつまずいているかを調べ，読めること，意味がわかること，書けることが重要です。なお，漢字練習直後の確かめでは，本当に覚えているかどうかのチェックにはなりません。すこし時間をおいて，練習をしない状態でも思い出せるかをあらためて確認していきます。

　内容読解ができないという困難をもつ子どもたちもいますが，この状態には，いくつかの要因があります。例えばたどたどしい読みの状態であるために，読みながら内容について考えることがむずかしいこともあります。このような状態の場合，教師が読み聞かせをして，子どもが文章の内容を考えられるようにするなども，支援の方法として有効です。

●算数

　算数は，学年が上がるにつれ，学習内容が段階をおってむずかしくなっています。

　低学年では，簡単な足し算・引き算を暗算でできることが重要になります。計算している様子を観察し，足し算・引き算に指を使っているかどうかを確認します。指を使って計算している状態は，暗算ができないことを表しています。同様に，中学年ではかけ算・わり算，高学年では分数や小数の計算ができるようになることが重要です。それぞれの課題で，暗算ができるか，筆算ができるか（手続きがわかるか），分数・小数ならば，割合の考え方を理解しているのかどうかも確かめていく必要があります。また中学年以降では，大きい数の概念が理解できているかどうかも重要なチェックポイントです。

　算数のむずかしさに数概念獲得の問題があります。これには2つの概念があり，序数性数概念は「数える」ことができる，基数性数概念は「およその数」がわかる，ということ

です。基数性数概念が弱いと，わり算などで商を立てる際に，だいたいのメドをたてることがむずかしくなります。子どもが低学年の間に早期に数概念の獲得状況について把握し，意図的に支援することが大切です。

●外国語・外国語活動

2020年度より小学校5～6年生で「外国語（英語）」が正式教科になり，歌やゲームなどで英語に親しむ「外国語活動」は3年生から必修になりました。外国語活動においては，音声を中心に外国語に慣れ親しませる活動を通じて，言語や文化について体験的に理解を深めるとともに，積極的にコミュニケーションを図ろうとする態度を育成し，コミュニケーション能力の素地を養うことを目標としてさまざまな活動を行います。

聴覚的な認知の弱い子どもたちは，英語の発音の聞き取りがむずかしいため，聞いて覚えることだけでは，困難がでてきます。このような子どもたちの場合，むずかしい発音については，やはり個別に支援していくことが必要になります。

●その他の教科

社会などの教科では，知識として覚えることが多かったり，歴史や見たこともないような地域のことをイメージしにくいことが，学習のつまづきにつながることが多くなります。

理科などの教科では，論理的思考が必要になります。子どもが視覚的にイメージできるようにするために，ベン図やチャート図などを事前に学習するなどの支援が有効です。

2．在籍級の授業への支援

個別の指導計画に基づき，通級指導教室では，子どもの障害特性やニーズにあった学習を進めていくいっぽう，在籍級では，教科書に沿って学年ごとの授業が進行していきます（各学年・各教科で学習する内容は，学習指導要領に定められています）。学年が上がると，通級指導教室での指導と在籍級での授業の差が大きくなりがちです。

学習の困難は，子どもの認知や行動の特性との関連で起こってきます。在籍級と通級指導教室が連携して，在籍級での学習に必要な認知能力などを通級指導教室でしっかりトレーニングすることが必要です。在籍級でのスムーズな学びを支えるために，通級指導教室で子どもの特性に沿ったトレーニングを行っていきましょう。

② ADHDのアセスメントと指導のポイント
ADHD（注意欠如・多動症）とは

　ADHDは行動の障害といわれています。ADHD（Attention Deficit Hyperactivity Disorder）の訳語に「注意欠陥・多動性障害」が用いられてきましたが，2014年に出された日本精神神経学会のガイドラインにおいて「注意欠如・多動症／注意欠如・多動性障害」という名称になりました。

　ADHDの中心的な特徴に，①不注意，②多動性，③衝動性の３つがあります。ADHDの子どもは，これらが比較的早い時期（２,３歳ころ）から認められ，その後，長期間続くことになります。そのために，年齢相応の行動が身につきにくく，集団での不適応行動が目立ちます。子どもがADHDの特性に近いものを持っているかどうかは，右のようなチェックリストで見立てることができます。

①**不注意**：好きなことには熱中できるのですが，えてして気が散りやすく，細かいことにまで注意が向かないことがあります。集中力を持続することがむずかしいため，いつも「上の空」といった様子で，人の話をしっかり聞いていられないという特性が目立ちます。順を追ってやる課題などには大変苦戦をします。

②**多動性**：まず「落ち着きがない子」と見られがちです。目に入ってくるものや聞こえてくる物音など，外からの刺激がとても気になり，それらに敏感に反応してしまうため，授業中も絶えず体が動いてしまう，おしゃべりが止まらないなどといった行動になりがちです。時には制止を聞かず，立ち歩く，外へ出るといったこともあります。

③**衝動性**：ともかく待てずに，考える前に行動してしまう状態です。そのため，順番が守れない，思ったことをすぐ口にしてしまう，思いどおりにいかないとすぐ怒るなど，さまざまな行動が起こりがちです。目についたことや気づいたこと，思い出したことを直ぐに行動に移してしまうので，周りからは「ブレーキがかけられない」突然の行為と受け取られがちになります。

　ADHDの様相は，子どもによっても年齢によっても大きく異なります。不注意が強い子どももいれば，多動性・衝動性が強い子どももいますし，これらの特徴をすべてあわせ持っている子どももいます。

　ADHDの特徴のなかには，年齢とともに目立たなくなるものもありますが，すべての障害特性が改善するわけではありません。そのため，気づかれないままに学校生活での苦戦などが続き，孤立感や劣等感などから情緒的な課題が強くなったり，反抗的な行為などから行動上の課題に発展したりして，二次障害に苦しむこともあります。まずは，その子をよく観察して，何で苦戦しているのかを理解したり，行動の背景を考えたりするところから始めましょう。

教師はできるだけ先入観を持たずに保護者や在籍級の担任からの情報を聞き，何度も場面を変えながら，自分の目で子どもの行動をさらによく見ることが大事です。

＜　行動面　「不注意」「多動性一衝動性」　＞

「ない，もしくはほとんどない：０」，「ときどきある：１」
「しばしばある：２」，「非常にしばしばある：３」の４段階で記入

	質問項目	評価点	換算点
不注意	学校での勉強で，細かいところまで注意を払わなかったり，不注意な間違いをしたりする		
	課題や遊びの活動で注意を集中し続けることが難しい		
	面と向かって話しかけられているのに，聞いていないようにみえる		
	指示に従えず，また仕事を最後までやり遂げない		
	学習課題や活動を順序立てて行うことが難しい		
	集中して努力を続けなければならない課題（学校の勉強や宿題など）を避ける		
	学習課題や活動に必要な物をなくしてしまう		
	気が散りやすい		
	日々の活動で忘れっぽい		
	換算点　計		
多動性・衝動性	手足をそわそわ動かしたり，着席していても，もじもじしたりする		
	授業中や座っているべき時に席を離れてしまう		
	きちんとしていなければならない時に，過度に走り回ったりよじ登ったりする		
	遊びや余暇活動に大人しく参加することが難しい		
	じっとしていない。または何かに駆り立てられるように活動する		
	過度にしゃべる		
	質問が終わらない内に出し抜けに答えてしまう		
	順番を待つのが難しい		
	他の人がしていることをさえぎったり，じゃましたりする		
	換算点　計		

評価点　　０点　・　１点　→　０点に換算　　２点　・　３点　→　１点に換算
基　準　　各領域換算点合計６点以上

H14文部科学省「特別な支援が必要な児童生徒の気づきのためのチェックリスト」より

② ADHDのアセスメントと指導のポイント

不注意がある子どものチェックと指導法

不注意がある子どもの様子

　不注意がある子どもは，動き回ることは少ないので，ぱっと見には落ち着いているように見えますが，うっかりミスが多かったり，身だしなみに無頓着だったりするために，時にだらしなく見られがちです。やる気がないようにも見えますが，物事や考えを整理するのが苦手で，優先順位をつけられないままについつい先延ばしにしたり，そのまま忘れてしまったりすることも多く，時間管理などにも課題が出てきます。

　おとなしく，感情をなかなか表に出さないので，常に不機嫌な感じで過ごしているように見える子もいます。相手や周りに何でも合わせてしまい，自分の気持ちに気づきにくい子どもや，気力自体が湧いてこない子どももいます。好きなもの・こと・人から，関係や興味を広げていくきっかけをつくりましょう。

　表には出さなくても，周りのみんなが当たり前のように毎日こなしていることが自分にはとてもむずかしいとなると，否が応でも子どもには不安や失望がつのります。できないことを叱られたり，急き立てられたりすると，なおのことでしょう。

　一生懸命やっているのに失敗が重なったり叱責されたりすることが多いと，自分はだめな人間だと自信をなくし，ますますやる気も出なくなります。生活習慣にかかわることなど身近なことから「うっかりミス予防作戦」を考え，できそうなところから成功体験を増やしましょう。できたら，おしまずに子どもを褒めましょう。また，集中できているときを捉えて，「いま集中できているね」とフィードバックしてあげましょう。

アセスメントと指導の指針

　不注意からどんなことが起きているでしょうか？　不注意の状態がどのように起きているでしょうか？　以下の内容をチェックしながら，支援の糸口を見つけることができます。

こんな様子がありませんか？	・教師の指示をきちんと聞き止めていない 　（例：よくわからないままに，なんとなく行動に移っている） ・目の前の物事の変化に気づけていない 　（例：みんなが何かを始めても気づかず取りかかれない） ・生活や行動が雑になったりルーズになったりしている 　（例：遅刻，忘れもの，食べこぼし，服装がだらしないなど）
なぜぼんやりしているのでしょうか？	・熱中できるものがない，楽しいことがないなど 　→集中できるもの，集中できる時間を調べます ・ものごとへの興味・関心が学年相応でない ・疲れやすく集中が続かない

136

| アイデア | 日常生活を見直してみよう |

うっかりミス予防作戦

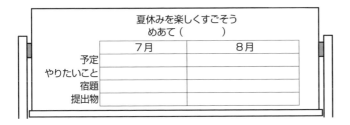

行事確認・目標決定などもする
→終了後写真データで残す
→振り返りに再活用

入室時に必ずチェック

| アイデア | 楽しいこと，おもしろいことを見つけよう |

飼育係をしてみよう

「この音，な〜んだ？」ゲーム

街中の音，生活場面の音など

脳と体を目覚めさせよう

「間違い探し」ゲーム

留意点　子どもが活動的になれずにいるときは，簡単な遊びや運動から入るとよいでしょう。短時間の活動で，じっくり系の学習や作業に切り替えることができます。

② ADHDのアセスメントと指導のポイント

多動がある子どものチェックと指導法

多動がある子どもの様子

多動性のある子どもは，じっとしていることがむずかしく，そわそわと体が動いたり，激しくせっかちに動き回ったりします。そのために思わぬ怪我をすることもあります。また，落ち着かないために，大事な指示や約束などを聞き逃しがちです。

新しく不慣れな環境や緊張が高まる場面では多動が出やすく，通級指導教室や特別支援教室に初めて来たときなどは，落ち着かない行動が多くなります。ちょっと頑張ったらわかった，できた，楽しめた，得をしたといった経験をスモールステップで積み上げることから始め，教室を楽しくリラックスできる場所にしていきます。

注意が移りやすい一方で，何かの考えにとらわれると，今度はそればかりを考えてしまうこともあります。善し悪しにかかわらず，一度パターンにはまると，それをなかなか修正することができません。目的地へ向かう道は一本ではないことに気がついたり，少し自分とは違う友達のことをまあいいかと許すことができるように，指導の中で導いていきます。本人の特性を周りの人に理解してもらう一方，自分の行動で損をしたことや，自分に思い違いがあったことなどに気づけるよう指導しましょう。

アセスメントと指導の指針

何が刺激になってその子を落ち着かない行動に駆り立てるのでしょう。下記のように視点を分けて子どもをよく観察したり，保護者や在籍級の担任から得た情報を分析してみましょう。環境整備，指示の出し方，ほめるタイミングなど，支援のヒントが見えてきます。

多動性を自分でコントロールすることは困難なので，子どもを叱ったり責めたりせず，本人の思いを尊重することが大切です。何で戸惑ったのか，イライラしたのか，どうして欲しかったのかをまず聴くようにすると，解決策が隠されていることが多くあります。記録をとってまとめておくと，似たようなことが起こったときに活用できます。

いつ？ （いつなら落ち着いていますか？）	・登校してすぐ，しばらくしてから ・授業中（始め・中・終わり），どんなタイプの学習（どの教科） ・授業外（休み時間，授業直前，給食，掃除，行事など）
どこで？ （落ち着いている場所はどこでですか？）	・教室内（席の位置，余裕の空間の有無など） ・教室外（特別教室，体育館，校庭，登下校中の通学路，校外など）
だれと？ （だれとなら落ち着いていますか？）	・クラスメイト ・教職員（担任，特定の教師，初めての人など） ・家族，ペット，地域の人など

3章 障害特性に応じた指導 / 2 ADHDのアセスメントと指導のポイント

アイデア 通級指導教室に慣れよう

学習スペースづくり

バランスクッションやパーテーション，個別学習机などの使い心地を試し，落ち着くようなら在籍級での導入検討も薦めるとよいでしょう

多動性を生かす活動

① 立体四目パズル

② 豆運びレース

〈その他〉
7×7盤で囲碁，
だるまさんが転んだ，
など

[留意点] 通級指導教室内は，視覚情報過多にならないようにすっきりさせておきます。

アイデア できた！ 楽しめた！ 得をした！

ぼく，私が主役です

① アナウンサーになって

② インタビュアーになって

今日の気持ち

② ADHDのアセスメントと指導のポイント
衝動性がある子どものチェックと指導法

● 衝動性のある子どもの様子

　衝動性がある子どもは，感情のコントロールがとてもむずかしく，周囲が「えっ？　何がいけなかったの？」とびっくりするようなことで，急に怒り出したり暴力をふるってしまったりすることがあります。一方で，体調を心配するほどパワーが急激に低下することもあります。このように感情の起伏がとても激しい反面，発想力が豊かで，アイデアも次々に出てきます。ただ，時に現実離れしたことを口にしたり，また，我慢が苦手で自分の都合を優先させたり，失言で友達を傷つけてしまったりして，周りの子どもからつきあいにくいと思われることがあります。

　通級指導教室での1対1の関わりのチャンスを活かして，子どもが自分の行動を振り返る機会を意図的に組んでいきましょう。また，短い時間でも気分や感情が激しく変わります。まず，自分の中にいろいろな感情があることを知るところから指導していきます。

アセスメントと指導の指針

　多動性（P138）と同様に，場面に分けて子どもの行動を考えてみましょう。子どもの目線に立って理解するには，その子の在籍級のルール，座席の配置，学級内で流行っている遊び，時程変更の方法，体育館使用学年なども，常にリサーチしておきます。

　なかには，強烈に嫌な思いをした場面が映像として残っていたり，においや音が引き金になったりして，感情が急に高ぶる子どももいます。一見脈略がないように見えても，本人なりの理由は必ずあります。想像力を働かせ，本人の思いに沿うところから丁寧な関わりを進めます。なお，衝動性により危険な行動が危惧される場合は，校内はもとより関係諸機関とも連絡を取り合い，よりよい指導を考えましょう。

どんな行動に困っていますか？	・授業中に急に話し始める，大声を出すなど ・教室を勝手に抜け出す，高いところから飛び降りるなど ・突然暴れる，ものを壊す，友達に乱暴するなど
いつ起こりますか？	・何かを見たり聞いたりしたとき（好きなもの，嫌いなもの） ・時間，場所，一緒にいる人，何をしているかなど ・環境や本人の体調（うるさい，暑い寒い，寝不足，空腹など）
自分の行動を教師と振り返ることができましたか？	・教師と一緒に振り返ることができた ・自分の行動をあまり覚えていない ・ひどく落ち込んだり，自分を責めたりする

アイデア **自分の気持ちに関心をもとう**

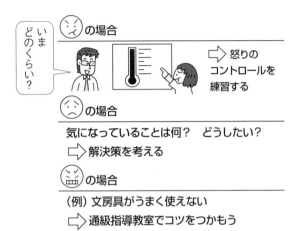

アイデア **自分流切り替えスイッチを見つけよう**

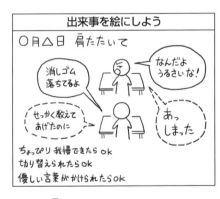

留意点　子どもがそのときのことを覚えていなくても，出来事をエピソード的に振り返るうちに，解決策を話してくれたり，相手を思いやる気持ちを引き出せたりします。正解を求めすぎず，4コマ目を懸命に考える取り組みの姿を評価しましょう。本人に新しい4コマ漫画を頼むと，実体験からの話題に近づきやすいです。

② ADHDのアセスメントと指導のポイント

ADHD の子どもの行事へのサポート

行事に参加しにくい子どもの様子

　ADHD の子どもは，みんなとあわせて行動することが苦手なために，行事への参加もスムーズではありません。「仲良くしたい」「頼りにされたい」「作品を完成したい」「運動が上手になりたい」と強く思っていますが，現実とのギャップに困っています。

　短い時間でできる活動，達成がわかりやすい作業を取り入れ，「自分にもできる！」と思えるものを増やしてあげましょう。通級指導教室で思う存分に活動して，「あ〜おもしろかった」と感じさせて帰らせます。面談や連絡帳などを活用して，在籍級や家庭に子どもの伸びをしっかり伝え，行事に生かしてもらいましょう。

アセスメントと指導の指針

　どんな行事に参加しにくいのでしょうか。その行事でどんな様子を見せているのでしょうか。その子がこれまでにどれだけの行事体験をしているでしょうか。その行事に必要な運動面・学習面での力はついているでしょうか。まずそれらを把握しましょう。次に，その子が行事でつまずきそうな行動を想像して，通級指導教室で取り組めることを考えていきます。

・本人の関心事や行動範囲に注目して行事と関連づけてあげると，通級指導教室での学習や活動に想像以上に広がりを持たせることができます。

・特に好奇心旺盛・行動派の子には，行事のシミュレーションや体験的な内容を組み込むと，自信が持てないでいる子にとっても大きな弾みとなります。

・たくさんの行程がある作業や，繰り返しの練習は苦手で，行事の前に嫌になってしまいます。スモールステップで進みながら，「今やっていることは何に繋がっているのか」「どんなに上達してきたか」などを，タイムリーに評価してあげるとよいでしょう。

・在籍学級の担任や保護者からも言葉をかけてもらうと，やる気倍増です

どんな行事に参加しにくいですか？	・儀式的行事，文化的行事，健康安全，体育的行事など ・遠足・集団宿泊的行事，勤労生産奉仕的行事など
どんな様子を示していますか？	・体が固くなって動けなくなる ・行事のたびに不安がったり，やりたくないと言ったりする ・行事の前になると学校を休む ・行事に怯える →以前の失敗体験や似たような行事への不参加がないかを調べます
運動面・学習面での力はついていますか？	・当日の手順は，覚えられていますか？ →集団行動での動きや制約時間，ダンスの振り付け，鼓笛での楽器演奏などが大丈夫かを調べます

142

アイデア 小さな活動とリハーサルで自信をつけよう

不器用な子に

水でくっつくビーズや，アイロンでくっつくビーズで作品を作る

身体意識が弱い子に

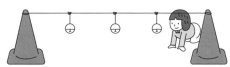

（忍者になって）鈴が鳴らないようにゴムをくぐったりまたいだり両足で飛んだりする

「運動会」が苦手な子に

〈開・閉会式〉
- 前年の記録ビデオで流れを確認
- 通級指導教室や廊下を使って行進練習
- 教師の後ろ姿を見ながらラジオ体操

〈学年種目〉
- ミニ競技をしてルールを覚える
  （借り物競走など）
- ペープサートで机上なりきり演技

〈鼓笛〉
- 「ここは頑張って音出しするぞ」というところを集中的に楽器練習
- 楽器を持っての行進を，通級指導教室で足踏み練習

「修学旅行」が不安な子に

〈乗り物〉
- 絵地図を作り，乗り降りの時刻を確認するなど行程を一緒に追う

〈見学先〉
- あらかじめ質問を一緒に考える
  →行ったつもりで，なりきり記者遊び

〈宿〉
- 荷物整理，お風呂の入り方，バイキングの取り方，寝具の使い方などをクイズに

応用　運動会前にはアスリート気分，学習発表会前には役者気分，修学旅行や校外学習前には記者気分のように子どもはもちろん，通級指導教室の担任もなりきって練習しましょう。

アイデア あらゆる教科やタイムリーな学校行事とリンクして

名人をめざす

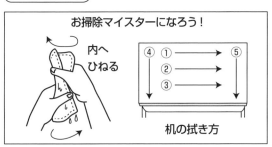

感動を形に

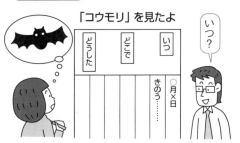

③ ASDのアセスメントと指導のポイント
ASD（自閉スペクトラム症）とは

　これまで広汎性発達障害のグループには，自閉性障害，アスペルガー症候群，レット症候群，小児期崩壊性障害，特定不能の広汎性発達障害という５つの疾病が含まれていました。2013年にアメリカで再編されたDSM-5（精神障害の診断と統計マニュアル第5版）からは，レット障害を除くすべての障害名が，連続した１つの症状として，ASD（Autistic Spectrum Disorder：自閉スペクトラム症）という診断名にまとめられました。

　ASDの特徴は，大きく２つあります。１つは「社会的コミュニケーションの障害」で，相手の立場にたって考えるのが苦手，冗談や比喩を真に受けてしまう，自分の話を一方的に続けてしまう，非言語的表現を読み取るのが困難などの形で現れます。２つめは「常同的・限局的行動」で，環境の変化やスケジュールの変更が苦手，特定の物事に強いこだわりを示すなどの形で現れます。ただし，これらの特徴は子どもによって現れ方も強弱もさまざまなので，一人一人ていねいにアセスメントしていく必要があります。

　またASDの子どもは変化に弱く，社会や環境への適応力も低いため，ストレスを多く受けます。ささいなことが引き金となり，かんしゃくを起こしたり，体調を崩したりすることもあります。ストレスのチェック方法と解消法について対策を考えることも必要です。

　通級指導教室で保護者や在籍学級の担任から聞き取りを行う際には，ポイントを絞り，できるだけ具体的に聞くことが重要です。以下のような観点を参考にするとよいでしょう。

　子どもの小さいころの話を聞く場合，昔の様子を覚えていない保護者もいますので，事前にお伝えして母子手帳や育児日記などを持ってきてもらいましょう。「育ちの記録」などの用紙を渡して，事前に記入してきてもらうことも１つの方法となります。

●社会的コミュニケーションに関する観察と情報収集のポイント

現在の様子　＜通級指導教室での見とり＞ ○個別指導の場面で教師と視線が合うか。 ○教師の指示に従うことができるか。 ○小集団の場面で友達と適切なコミュニケーションが取れるか。 　　例：一方的な話し方をしているか，言葉かけに応答しているかなど
在籍校や在籍級での様子　＜在籍学級の担任からの聞き取り＞ ○仲のよい友達がいるかどうか。友達と遊ぶことができるか。 ○ルールのある遊び（おにごっこやボール遊びなど）を，ルールを守って遊ぶことができるか。 ○一方的に自分の興味のあることばかり話すか。
○全体の場面での指示理解はできているか。 　　例：周囲の様子を見て動いていて，言葉による指示で動くことができていない ○当番活動や係活動への参加状況はどうか。 　　例：自分の役割を理解して活動しているか，係活動に参加しないなど

144

幼少期（4〜6歳ごろ）の様子　＜保護者から，幼稚園・保育園からの聞き取り＞
○人見知りや後追いなどがあったかどうか。
○指さしをすることがあったか。
○お母さんの表情を見て行動することがあったか。
○叱られている場面やみんなで盛り上がっている場面での様子はどうだったか。
　　例：叱られていてもケロッとしている・盛り上がりについていけないなど
○言葉を話し始めてからの様子
　　例：大人びた言葉遣い・意味の取り違い・TVやCMのまねをして話すなど
○言葉をコミュニケーションのツールとして使うことができているか。
　　例：冗談や皮肉は通じるかなど
○かんしゃくの様子
　　例：自分の感情を表す言葉を話すことができるかなど
○見立て遊びをすることができるか。
　　例：人形を使った見立て遊びや，ごっこ遊びができるかなど

●常同的・限局的行動に関する観察と情報収集のポイント

現在の様子　＜通級指導教室での見とり＞
○日程の変更に対応できるか。
　　例：活動内容がいつもと違うことや遅れることで，不安になったり落ち着きがなくなったりする
○物の配置を気にするか。
　　例：机の配置やゴミ箱などの場所の変更にすぐに気づき，元へ戻すなど
○感覚が過敏であったり鈍麻だったりする。
　　例：サインペンで丸をつける音を嫌がる，保護者の香水のにおいを嫌がる，保護者の控室へ行き
　　　　たがらない，どんなに暑くても長袖を着ているなど

在籍校や学級での様子　＜在籍学級の担任からの聞き取り＞
○急な授業等の予定変更に対応できるか。
　　例：時間割が急遽変わると，落ち着きがなくなるなど
○いつもの手順にこだわり，新しい方法を使うことができない。
　　例：掃除のやり方などが変わっても，受け入れられずにこれまで同様にやろうとするなど
○ルールを守ることにこだわり，状況に応じて行動を変えることがむずかしい。
　　例：トイレに行くのは休み時間であるという理解をしていて，体調が悪いときでも守ろうとする
　　　　など
○自分の体調に関して，鈍感である。
　　例：自分が具合悪いことがわからず，元気に過ごし，より体調が悪化するなど

幼少期（4〜6歳ごろ）の様子　＜保護者や幼稚園・保育園からの聞き取り＞
○毎回これをしなければ気が収まらないという儀式的なことはあるか。
　　例：朝出かけるとき・帰ってきたときの行動や服装へのこだわりなど
○興味関心が狭く，1つのことやモノに固執するか。
　　例：ずっと同じおもちゃで1つの方法で遊び続けるなど
○順序や秩序にこだわりがあるか。
　　例：道順やテレビ番組の急な変更などの受け入れはどうかなど
○感覚は人とは違い，過敏な部分があったり鈍麻な部分があったりするか。
　　例：偏食や衣服のタグなどのこだわり，痛み・寒暖の鈍感さはどうかなど

③ ASDのアセスメントと指導のポイント
自閉傾向が強い子どものチェックと指導

自閉傾向が強い子どもの様子

　自閉傾向の1つに「こだわり」があります。例えば，勝ち負けに強く執着する子どもは，勝つと安心し，負けると激怒して負けを受け入れない反応をします。また負けることが嫌ではじめから参加しないという選択をする子どももいます。負けることであまりにひどいパニックになるため，周囲もあえて「負けてあげる」ことが多くなりがちです。「ときには負けることもある」「負けても大丈夫」と，受け入れられる幅を広げていきます。

　「他者意識」の弱さも自閉傾向の1つです。周りの人に意識が向かないので，他者が自分に向けて話をしていることがわからなかったり，本人は相手に話しかけているつもりでも，周囲には誰に話しかけているのかわかりづらかったりすることがあります。意図的に相手を意識させるような活動を行います。

アセスメントと指導の指針

こだわりについて	・特定のもの，人，こと，順序，時間，ルールなどに執着する。 ・こだわりをやめることはむずかしく，無理にやめさせようとすると，かんしゃくを起こしたり，パニックになったりする。
他者意識について	・相手に意識を向けることがむずかしい。 ・相手がそこにいないかのようにふるまうことがある。

アイデア　こだわりの幅を広げるトレーニング

負けるが勝ちじゃんけん

① はじめは教師とじゃんけんを行い，勝ったときに，「負けるが勝ち！」と必ず言わせる。
② 慣れてきたときに，友達同士で行わせる。
③ 1対1で行って，「勝ち負け」に関する意識を変えさせる。
④ 通常のじゃんけんを行う。

視覚的に提示

留意点　勝っても負けても必ず「負けるが勝ち！」と言葉に出させることが重要です。じゃんけんを嫌がる場合は，じゃんけんマシーンなど媒介物を活用します。

上手に切り替えよう

① 終わりを予告：「●時でおしまい」「あと●分で3時ですよ」
② 早めに促す：「時間より前に，キリのいいところでやめられると素敵だね」
③ 意識できていることをほめる：「やめようとして偉いね。立派だね」
④ 気持ちを言語化してあげる：「もっと読みたかったのに，よく切り替えたね」
⑤ メリットを伝える：「上手に切り替えられたから○○ができるね」

アイデア　相手を意識するトレーニング

ネームコール

① 教師が子どもの名前を呼び，子どもが返事をした後に目と目を合わせ，「うん」と息を合わせる。
② ボールを相手に向けて転がす。
③ 役割を交替して続ける。

ぬいぐるみキャッチ

・ネームコールと同様のルールで行う。
・相手がキャッチしやすいかどうかを意識できるとなおよい。

ネームコール複数バージョン

・複数人数でネームコールを行う。
・誰がボールを持っているかを意識させる。
・ネームコールと同様のルールで行う。
・立つ位置をフラフープ（ケンステップ）などで示すとよりよい。

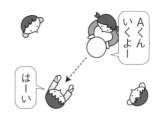

留意点　「目を見て話しましょう」はむずかしいので，活動を通して相手を意識させましょう。
応用　これらの活動を，テーマに沿った会話を続ける練習に応用することも可能です。その際は，「みんなにボールが渡るように」意識させることが重要です。

③ ASDのアセスメントと指導のポイント
アスペルガータイプの子どものチェックと指導

● アスペルガータイプの子どもの様子

　アスペルガータイプの子どもは同じ話を流暢に話します。そのため，一見，会話が成立しているように見えますが，よく観察すると，自分の興味のある話を一方的にしたり，自分の興味のない話の場合はまったく会話に参加しなかったりすることがあります。会話のルールを視覚的に示し，会話のキャッチボールを練習していくことが重要となります。

　また，その場面での状況や文脈の理解が苦手なため，トラブルになってしまった原因を理解できない，いわゆる空気が読めない様子が見られます。自分の行動を振り返り，自分の振る舞いで周りがどのように思うのか，視点を変えて考えることも苦手です。子どもの行動だけを見ていると，その子が悪いように見えてしまいますが，なにか理由があって行動していることなので，まずは子どもの理由を視覚的に整理してあげることが重要です。

アセスメントと指導の指針

会話について	・自分のペースで話してしまい，双方向の会話が成り立ちにくい。 ・複数人での雑談になると，話の流れがつかめない。 ・自分の気持ちや考えを言うことが苦手である。 ・言葉を間違って覚えたり独自に解釈したりしていて，話がかみあわないときがある。
状況理解について	・場の空気を読めずに，友達の話に割って入ってしまう。 ・一方的に思い込み，すぐかーっとなってしまう。 ・「自分は悪くない」と言い張る。

アイデア ブロック会話で，会話の積み上げを意識しよう

＜会話のルール＞
・自分が連続で話をしない。
・友達が話したときには反応する。
　「へぇ」「なるほど」「そうなんだ」
・話題を変えるときには，
　「ところで」「ちょっといい？」と言う。

<ブロック会話の手順>

① 会話のお題を提示する。

　例：冬休み楽しみなこと

　　　おいしい給食メニューは？　など

② 話すたびに自分のブロックを積む。

　・できるだけグループで会話を続ける。

　・同じ色のブロックが重ならないようにする

　　（自分ばかり話さないようにする）。

③ 会話でよかったポイントを話しあう。

　例：みんなが発言できたね。

　　　話が切れたときに，A君が「ところで」と

　　　話を広げることができたね。

※教師がよくない見本を事前に示す。

※会話が成立しなかったときには，教師がブロックを崩す。

留意点　自分の興味のある話題や同じことだけ話す子どもがいるので，教師は会話のファシリテーターを行う。また，反応ができている子どもをしっかりと認めていく。

アイデア　トラブルを回避するための話し合い

事前の話し合い

① イライラしたときの対処法を話し合う。

　・その場を離れる。

　・深呼吸をする。

　・教師に話す。

② イライラを外在化する。

子どもが自分を責めて傷つかないように

トラブルになったとき

・なぜそうなったかを教師と分析する。

・子どもの理由を聞き，本人の思いを言語化し，時系列に図解して視覚化していく。

・トラブルになった行動に対して，そのときの思いを「～かもしれないね」「そう言いたかったんだね」と伝えていく。

・それに対して，どの段階で自分の行動を変えていくべきだったかを話し合う。

留意点　子どもがヒートアップしても，向き合う教師は冷静に対応します。

③ ASD のアセスメントと指導のポイント

感覚過敏と感覚鈍麻のチェックと指導

感覚の過敏・鈍麻がある子どもの様子

　ASD の子どもの多くに，感覚の過敏や鈍麻があります。過敏とは刺激への過剰反応，鈍麻とは刺激への低反応のことです。感覚過敏と感覚鈍麻は，五感（視覚，聴覚，味覚，嗅覚，触覚）と固有受容覚（体を動かすときに関節や筋肉の位置や状態を感じる感覚）のいずれでも起こりえます。

　このような感じ方の違いは，周囲の人にとってなかなか理解しにくく，また本人も気づきにくいものです。例えば，耳ふさぎをする子どもは，特定の音への過敏さがあるかもしれません。けがや体調の変化に自分で気づけなかったり，服をズルズルと引きずっていても無頓着だったりする子どもは，身体感覚に鈍さがあるのかもしれません。

　子どもが特定の感覚刺激を好む場合は，その刺激を学習に取り入れることで，集中力が増したり，落ち着いたりします。また，マルチ・センソリー（多感覚指導）といって，ASD のある子どもだけでなく，さまざまな感覚刺激を活用することで学習が進むことがあります。漢字を覚える際にも，ただ書いて覚えるよりも，口に出して唱えながら書くなどの方法や読むときにリズム音を利用したり，手拍子も効果的です。

　ただし，その子どもにとってどんな感覚刺激が適切かは異なりますので，どうすれば自分の学習が進むかを子どもと一緒に検討するとよいでしょう。さらに，在籍級で活用できる刺激や方法についても子どもと一緒に考え，通教指導教室以外でも目立たないように自分で取り入れることができるようになるといいでしょう。

アセスメントと指導の指針

感覚過敏について	・まぶしがる，耳をふさぐ，体育倉庫や楽器の倉庫に行きたがらない，体に触られるのをいやがる，ブランコの感覚を怖がるなど，極端に避けるものがある。 ・特定のものばかり食べたり，特定の服ばかり着たりする。
感覚鈍麻について	・自分の体調（熱など）や痛み（けが）に気づかないことがある。 ・服が着崩れていても気づかないことがある。 ・意味もなく体を何かに強くぶつけたり，体の一部を動かし続けたりする。

| アイデア | 心地よい刺激をみつけよう

| 落ちつきグッズを探す |

手のひらサイズのビーズクッション

お手玉

エアざぶとん

イボイボボール

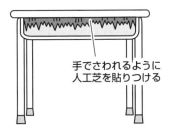
手でさわれるように人工芝を貼りつける

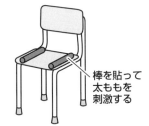
棒を貼って太ももを刺激する

中に小麦粉を入れた水ふうせん

| 留意点 | これらのグッズがもとで，ほかの子どもとトラブルになることは避けなければなりません。学校では活用がむずかしいバランスボールなども，家庭では活用できます。

| 指先で感じて書こう |

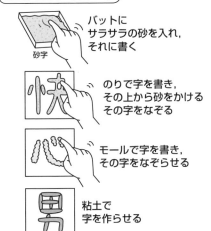

バットにサラサラの砂を入れ，それに書く
砂字

のりで字を書き，その上から砂をかけるその字をなぞる

モールで字を書き，その字をなぞらせる

粘土で字を作らせる

指先の触覚に過敏さがない場合に有効です。指先の感覚が過敏な子どもには，タブレットなどを活用するとよいでしょう。

| 感覚鈍麻のある子どもに |

① 保健指導と並行して
　傷や出血に自分では気づきにくいので，指摘されたときに，水で洗う，絆創膏を貼るなどの対処ができることをめざします。

② 数値として把握させる
　朝晩など定期的に検温し，平熱が何度かを数値で知らせておきます。それより1℃以上高い場合は「発熱状態」として本人に伝え，休ませます。

③ 身だしなみの指さし確認
　「これで僕はジェントルマン！」「これで私はレディ！」をキーワードに，鏡を見て，「髪OK！」「口周りOK！」「上着OK！」「ズボンOK！」「靴下OK！」と指さし確認をしながら，身だしなみを整えます。

151

③ ASDのアセスメントと指導のポイント
将来へ向けたチェックと指導

小学生段階で身につけたい力

　小学校高学年くらいになると，自分と周囲を比較し，自分がうまくできないことを理解している子どももいます。自分のうまくいかないところばかりに目がいくと，自分のよさについて気づくことがなくなり，自信をなくしてしまいがちです。また，自閉傾向の特徴であるこだわりのために，周囲から援助を受けることを嫌がったり，周囲に援助を求めることに抵抗感をもったりする子どももいます。将来的なことを考えると，困ったときに援助を求められる力を小学校段階から付けていくことが重要です。

　だれでもすべてを自分だけで行うことはむずかしく，手伝ってもらうこと・助けてもらうことが恥ずかしくないことを理解させることが重要です。自分の得意なこと・苦手なことについての理解を深めながら，困ったときは援助を求めることができるようにしていきます。

アセスメントと指導の指針

指導者との関係について	安心して教師と話せる関係ができていて，子どもがしっかり自分と向き合うことができるようになっていますか。
本人について	子どもは精神的に安定した状態ですか。 →自分の弱さに向き合うこともあるので，精神面が安定しているときに行ったほうがよいでしょう。
周囲の児童について	子どものことを周囲が理解し，その児童のよさを客観的に示すことができる段階になっていますか。

アイデア 自分について知ろう

① 練習として，子どもの好きなアニメのキャラクターなどについて，教師と子どもで話をしながら，特徴をグラフに記入する（ここでは正しさは問いません）。
② 次に，子どもと相談しながら，子ども本人について，特徴をグラフに記入する。
③ 本人は苦手なことに目がいきがちなので，教師や保護者，周囲の友達から見た子どものよさを伝える。

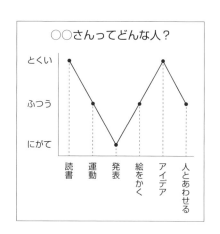

④ 苦手なこと，得意なこと，両方があることを，グラフで視覚的に確認する。
⑤ 得意なことを活かす場面にはどんなことがあるか，苦手なものの代替手段にはどのようなものがあるかを，教師と一緒に考える。
　例：本を読むことが得意　⇒勉強はそれに関する本を読むことから始めよう。
　　　字を書くことが苦手　⇒キーボードの練習。パソコンやタブレットで作文を書こう。

[応用]　数値が理解しやすい子どもには，10段階評価や100点満点で特徴をかかせます。

[アイデア] 助けを求めよう

(助け鬼)
・鬼にタッチされた人は，その場で固まる。
・固まった人は，「助けて！」と言って，周囲に助けを求める。
・「助けて！」という声を受けて，固まっている子どもにタッチして逃がしてあげる。
・助けてもらったら，「ありがとう」とお礼を言う。

(共同制作)
グループの作業に必要な道具を教師が準備する。
手伝ってもらうことで完成するという経験をさせる。
＜約束＞
道具を使いたいときは「手伝ってください」と言う。
手伝ってくれた人には「ありがとう」と伝える。

(協力缶積み)
時間制限のある缶積み競争を行う。
友達に手伝ってもらうことができるが，
必ず「手伝ってください」と言って支えてもらう。

[留意点]　ゲームの勝ち負けより，途中でいかに助けてもらったかに価値づけします。協力缶積みなどでは，「助けられポイント」を設けて，加算してもよいでしょう。

④ 小集団活動の指導のポイント
不器用な子どもへの対応

体の動きが不器用な子どもとは

身体部位の使い方がぎこちなかったり，動きのタイミングの図り方がわからなかったり，うまく運動できない子どもがいます。手の位置や体の向きなどを具体的に言葉で解説したり，手順や手がかりを視覚的な情報を活用して説明したりすると動きのコツがつかめ，体の動きをスムーズにしていくことができます。子どもの実態に合わせた課題を設定します。

アイデア 視覚的な手がかり・言葉での解説

大縄の小波に入るタイミング

3本のラインの色は変える

① 縄が赤線を超えたら，青線へ走り出す
② 縄の回し手にお腹を向けて青線で待つ
③ 緑線から戻ってくる縄を青線で跳ぶ

大縄の八の字跳び

① 縄から抜ける方向をテープで示しておく
② 縄が「パン」と鳴ったら入る
③ 縄の回し手の腕が下がったら走り出す

短縄のしまい方 （左利き用）

① 丸をつくる

④ 左手で輪を持つ

② 右手で輪を押さえる
⑤ 輪を持って丸の中を通る

③ 左手を丸の中に入れる

⑥ 右手は持ち手を持ち引く

前跳びの練習

レベル１：手首を回す練習

半分に切った縄を，拍手のリズムに合わせて回す。

①右手→②左手→③両手→④ジャンプの順に練習する。

先を結んでおく

レベル２：連続して跳ぶ練習

半分に切ったフラフープで手首の返し方のコツを掴む

持つところにビニールテープを巻いておく

留意点　跳べたらハイタッチで喜び合います。気持ちが崩れないように，「できなくても大丈夫！」「ドンマイと言って励まし合おう」などと事前に確認しておくことも大切です。

手先の不器用な子どもとは

手先が不器用で，道具の操作がうまくできないことから，友達と一緒に遊べなかったり，楽しめる遊びの種類が少なかったりする子どもがいます。また，製作活動では，思うように作品を作れずに，苦手意識を抱いていることもあります。つまずきを減らす道具や教材を準備することで，どの子どもも活動を楽しむことができます。

つまずきに配慮して道具や教材を選ぶ

【ボードゲーム】
- ルーレットは上手く回せないことが多いので，サイコロを使用するゲームにする。
- サイコロを振る箱を用意する。

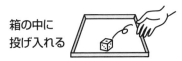

- 大きめのコマを用意する。

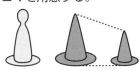

【カードゲーム】
- カードを持たずにできるゲーム，手持ちのカードが少ないゲーム（4枚程度）を選ぶ。
- カードホルダーを使う。
- 手品用の大きなトランプを使う。

カードホルダーの例

【折り紙】
- 5回程度折ったら完成できるものにする（とり・いぬ・ねこなど）。
- 折り目や点線をつけておく。

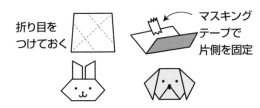

【紙工作】
- 「短い直線を切る」作業で完成できるものにする（切り絵，七夕飾りなど）。
- 切りとり線を太くする。

留意点　完成後の見栄えがよく，簡単に作れる題材を選びましょう。失敗体験にならないように，うまくできない作業は「先生や友達に手伝ってもらう」ことを事前に確認したり，子どもに応じて難易度の異なる課題を準備したりするなどの配慮が大切です。

応用　全員の作品を合わせると1つの作品が完成するような構成にすると，より満足感が得られます。

4 小集団活動の指導のポイント
常識を身につける指導法

学習態度が身につきにくい子どもとは

授業中に片足を椅子に乗せて座ったり，勝手に話したりする子どもがいます。善悪の判断が苦手であったり，適切な行動の枠組みを知らなかったりするために，学習態勢が十分に育っていないことがあります。自分の言動の善し悪しを目に見える形で確認できるようにすると，適切な振る舞い方に気づき，身につけていくことができます。

評価の視覚化・数値化

絵カードで

黒板に絵カードを貼り，それぞれの子どもができたときに「○」つけてほめる。

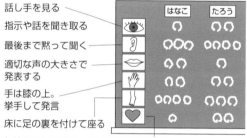

- 話し手を見る
- 指示や話を聞き取る
- 最後まで黙って聞く
- 適切な声の大きさで発表する
- 手は膝の上。挙手して発言
- 床に足の裏を付けて座る
- 気持ちの切り替え。思いやりのある言動

ポイントチップで

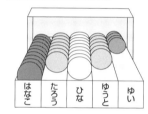

各自のチップの色と容器を決める。

① 適切な行動ができたときに教師がチップを入れてほめる。
② チップが少ないと意欲が低下する子どももいるので，実態にあわせて配慮する。

自己採点で振り返り

① めあての紙を掲示しておく。
② 授業終了前や終わりの会で，自分のめあてについて5段階で自己評価し，点数とその理由を発表する。

> めあて
> くちチャックで話を聞く
> 姿勢よく座る
> 勝手に話さない
> 勝手に席を離れない

他者採点で振り返り

① 各自のめあてを掲示しておく。
② 授業終了前や終わりの会で，めあてについて，教員や友達に採点してもらう。

> くちチャック 5点
> 自分で気づいて，話すのを止めたからすごい。

> くちチャック 4点
> 気になったことは挙手して質問しよう。

[留意点] 友達からは「よかったこと」「がんばったこと」，教師からは「よかったこと」「気を付けるとよいこと」などを伝える。評価の際は，「○○くんに△△と声かけをしたのがよかった」など，具体的に伝えることが大切です。ほめられた友達に倣って，自分から言動を修正できた子どもについても同様に評価していきます。

臨機応変な行動がむずかしい子どもとは

牛乳をこぼしてもボーッと立ちすくんでいたり，悪気なく相手が不愉快になることを言ったりしてしまう子どもがいます。このような子どもは，ハプニング場面での対処方法や，状況や相手に応じた関わり方がわからないために，不適切な言動を取りやすいといえます。さまざまな場面における適切な対応の仕方を具体的に学んでいくことが必要です。

適切な対応の仕方を考える

すごろくゲーム

やり方
① すごろくのマス目に書かれた問題を読む。
② 自分なら，どのように対処するのかを考えて発表する。
③ ほかの友達にも，どのように対処するのか意見を聞く。

問題の例：教室のドアの前で話している人がいて通れません。どうしますか？

お悩み相談室

やり方
① 教師が相談者役になり，悩みを話す。
② 子どもが解決策を紙に書いて発表する。

悩みの例：友達に「今日，遊べる？」と聞いたのに，答えてくれません。どうしたらいいでしょうか？

サイコロトーク

やり方
① サイコロの出た目のテーマについて話す。
② 友達の意見も聞いてみる。
③ ゲーム後に自分と友達の共通点や「なるほど」と思ったことなどを発表する。

テーマ
- ⚀ イライラ解消法
- ⚁ 忘れ物をしない工夫
- ⚂ さいきんの失敗談

留意点 実際に起こった出来事など，子どもにとって身近な場面を取り上げます。自分で意見を考えることがむずかしい場合は，選択肢から選ばせます。また，友達の意見を聞くことで，視野が広がりさまざまな対処法があることに気づくことができます。

応用 困った話や失敗談を話してもらい，子ども同士の絆を深めていくこともできます。

4 小集団活動の指導のポイント
行事への参加

行事への参加を嫌う子どもとは

運動会や学芸会，社会科見学や卒業式など，学校行事への参加を嫌がり，みんなと一緒に活動できない子どもがいます。このような子どもは活動の見通しが持てないと不安になりやすく，新しい場面や初めて取り組む学習を苦手とすることが多いです。具体的なイメージが持てるような働きかけを行うことで，学校行事にスムーズに参加できることがあります。

活動の見通しを持つ

【卒業式】
- 前年度の記録用ビデオ，記録写真を見る。
- 中学生から，前年度の卒業式の話を聞く（気をつけたほうがいいこと・感想など）。

【学芸会や音楽会】
- 前日，準備ができた会場に実際に行って，自席からの動き，舞台上の位置，降り方などを教師と確認する。

【遠足・社会科見学】
- 教師が実地踏査時に撮影した写真や映像を見る（昨年度と行き先が同じ場合は，昨年度の写真を見る）。
- 行き先のホームページを見る。
- ワークシートを作成して確認する（日時・場所・集合時間・集合場所・使用する交通機関・活動内容など）。

［留意点］ 行事に向けた取り組みが始まる前に通級でシミュレーションを行うと効果的です。前年度のビデオ映像や写真を活用する際は，在籍級の担任をはじめ在籍校の先生方の理解や協力を得ておきましょう。

［応用］ 高学年の場合は，「新しいことが苦手」という自分の傾向に本人が気づき，対処法を見出せるように促していきましょう。

行事にうまく参加できない子どもとは

生活経験の少なさから，同学年の子どもが獲得しているスキルが十分に身についていなかったり，誤った方法で学習していたりして，行事のなかでトラブルになることがあります。事前にリハーサルやロールプレイを行い，適切なやり方で対処法を身につけていくことが必要になります。

シーンを想定してリハーサル

移動教室（宿泊学習）

〈荷物の準備と整理〉
・旅のしおりで持ち物を確認する。
・7種類のビニール袋を用意する。
・絵カードで荷物整理の仕方を確認する。

（例）①1日目に着た洋服
　　　②2日目の洋服
　　　③3日目の洋服
　　　④部屋着
　　　⑤お風呂セット
　　　⑥洗面用具
　　　⑦その他

〈お土産の買い方〉
・絵カードを使って教師と買うときのやりとりをする。お金は実際のものを使う。
・決められた予算の中で何を買うのかを考えさせる（5～10分間）。

キーホルダー・クッキー・飴・ペン・絵はがきなど，WEB等で実際の商品がわかる場合は，その写真や値段を用いる。

音楽会

演奏で間違えたとき

・弾き直さずに，次のフレーズから入る。
・何もなかったように振る舞う（「あっ」と言ったり，表情に出したりしない）。

運動会

勝ったとき　　　　負けたとき

・いつまでも自慢せずに心の中で喜ぶ。
・負けたチームに「弱いな」と言わない。
・負けても泣いたり怒ったりせずに，「また頑張ろう」と気持ちを切り替える。
・チームメートに「お前のせいだ」と言って責めずに，励まし合う。

[留意点] 学校行事で子どもが初めて経験する活動は多くあります。子どもの実態に合わせながら，繰り返し学習していくことが大切です。家庭や教室でも生かすことができるよう，保護者や在籍学級の担任と密に連携を図りながら，環境調整します。

[応用] 慣れたら質問の内容を発展させ，臨機応変に対応できるようにしていきます。

4 小集団活動の指導のポイント
ICT機器を活用した指導

グループ学習をいやがる子どもへ

ふだんは友達と話し合ったり，協力したりすることが苦手な子どもでも，情報機器を使用することで，「それだったら，やってみよう」という気持ちが高まり，友達と一緒に楽しく活動することができます。電子黒板や投写機などICTを授業に取り入れ，子どもたちの興味や関心をかき立て，活動への意欲を高めます。

アイデア ICT機器の活用で意欲を高める

［写真クイズ大会をしよう］

① 2〜3人のグループになり，教室の中からクイズの題材を相談して決める。
② 友達と相談しながらデジカメを使って，倍率を変えた4枚の写真を取る。
③ クイズ大会をする（電子黒板に表示または写真をプリントアウトして表示）。

1枚目 ズーム （正答率10％程度）	2枚目 ややズーム （正答率40％程度）	3枚目 少し離れて （正答率70％程度）	4枚目 全体 （正答率100％）

［ビデオでしりとり］

① ビデオで実物や描写やジェスチャーを撮影して，しりとりをする。
② 決められた時間内に，みんなでできるだけ多くの言葉を探してつなげていく。
③ 完成したらビデオ鑑賞会をする（電子黒板に表示またはプロジェクターで見る）。

イス（教室のイス） → すいかわり（ジェスチャー） → りんご（絵）

［留意点］ 子どもが使いやすい機器を準備し，適切な扱い方を伝えておくことが大切です。上手な話し合いの仕方を事前に確認し，「機器を操作する人」「台詞を言う人」等の1人1役を設定すると，全員が最後まで楽しく活動できます。

［応用］ 教師チームvs子どもチーム，グループ対抗戦など，クイズ形式で作品を見合う機会をつくると，活動の意欲を高めることができます。

人の意見を聞かない子どもへ

「自分はよくできている」と思っているために，他者のアドバイスを聞き入れにくい子どもがいます。自分の言動を客観的に評価したり，他者の視点で捉えたりすることが苦手なため，周囲の評価と自己認識にズレが生じてしまいます。映像を見て自己を客観的に振り返ることで，適切な自己理解と他者理解を促していきます。

ビデオのなかの私を見るを見る

① 通級指導教室での活動場面など子どもの様子をビデオに撮り，全員でビデオを見る。
② 「友達のよかったところ」「自分の気になったところ」などを発表する。
　※友達は「よかったところ」のみ発表し，「気になったところ」は本人だけが発表する。

スピーチ
見るポイント ・声の大きさ　・立つ姿勢 ・話すスピード　・わかりやすさ

ジェスチャーゲーム
見るポイント ・動きの大きさ　・動きの向き ・動きの速さ　・わかりやすさ

　自分ではゆっくり話しているつもりだったけど，早口で何を言ってるか，わからないな。

　自分ではわかりやすいと思っていたけど，動きが小さくて相手には伝わりにくいな。

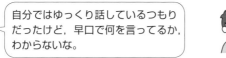　○○さんは，声が聞き取りやすくて，立つ姿勢がとてもよかった。

　○○くんは，数字のジェスチャーで，相手から見た向きで表現してくれたから，わかりやすくてよかった。

[留意点] 振り返りでは悪いところに目が行きがちなので，友達と互いのよかった点を伝え合い，自己評価を高めていくことが大切です。鑑賞前に映像を見るポイントを提示しておくと，子どもたちの気づきを深めることができます。

[応用] 勝敗のある遊びの場面を撮影し，ゲーム中の自分の姿を振り返ることで，適切なかかわり方や感情のコントロールの仕方を学ぶことができます。

第4章 学校生活全体の充実をめざして

① 在籍級・在籍校との連携
個別の指導計画の立て方
コンサルテーションのもち方
指導結果の共有

② 保護者の心理の理解と対応
保護者との相談の基本
子どもへのかかわり方のアドバイス
進路選択へのアドバイス

③ 子どもの心理の理解と対応
発達障害がある子どもの心の支え方
二次障害を抱えた子どものケア
ストレスのケア
関係が築きにくい子どものケア

④ 笑顔で通級できる学級づくり
通級をどう説明するか
特別な指導をうらやむ子どもへの対応
通級している子どもへの配慮

① 在籍級・在籍校との連携

個別の指導計画の立て方

1 現在の状態を共有する

個別の指導計画をつくるときに，在籍級の担任と通級指導教室の担任が連携して，子どもの特性や状態について情報共有しておくことが必要です。子どもの特徴，困難の要因について，どのような情報を共有することが必要かを互いに明らかにしておきましょう。

ポイント 情報共有のコツ

１．アセスメントと分析を拠り所に

在籍級の担任との連携・コンサルテーションの場で，子どもの状態に右往左往しないようにしておくことが大切です。子どもの状態や特徴を明らかにしておき，それに基づいて在籍級の担任と困難の要因を分析し，支援方針を確立していきます。常にアセスメントと分析に立ち返りながら，連携とコンサルテーションを進めていきます。

２．定例化した場をつくっておく

自校通級でも他校通級でも，在籍級との連携の場を定例化しておくことが大切です。問題や新たな課題が発生したときだけではなく，定期的に話し合いを実施し，アセスメントに基づいた指導計画に沿って，支援が計画通りに進んでいるかを検証していきます。学期に１回など，定例化した連携の場を用意しておきます。

３．接点を広げる

自校通級の場合，日常的な職員室でのやりとりも連携の場となります。つまり，在籍級の担任と出会った場所がどこでも連携のチャンスとなります。他校通級の場合は，そのような日常的な連携はむずかしいため，学期に１回程度の連携会議で顔をあわせることが中心になります。そこで，「通級児童在籍学級担任連絡会」などの名称で，在籍級の複数の先生方に一緒に集まってもらい，担任する子ども以外の支援についても見聞を広められるような仕組みをつくると，先生方の気づきのレベルを上げていくことにもつながります。

４．具体的な支援の手立てを伝える

在籍級の担任が一番困っていて知りたいことは，教室における子どもの具体的な支援の方法です。「子どもの特性に応じた支援」とよくいいますが，どのような支援の方法が，子どもの特性に沿った支援になるのか，一緒に確かめていきます。例えば，視覚認知が弱くて書字に困難がある子どもの場合，そのような特性だけを伝えるのではなく，視覚認知をどう鍛えたらよいか，視覚認知に頼らない書字の練習法にはどんなものがあるかを具体的に伝えていきます。

2 子どもの見方にずれがあるときは？

在籍級の担任と個別の指導計画を立てていくなかで、在籍級の担任の先生の願いが、子どもの実態に合わないと感じるケースがあります。例えば、在籍級の担任は「授業に集中して取り組ませたい。しっかり考える子どもに育てたい」というが、子どもは「教科書の漢字を覚えていない。言語理解が弱く、先生の話の半分も理解できていない」という場合です。

ポイント 担任からの主訴は目標に

在籍級の担任が話してくれる主訴は、直接目に見える事象であることが多いようです。それがなくなれば、困った状態はなくなるのではないかと思い、主訴となっています。そこで、在籍級の担任の主訴は「それが解決すると望ましい」ことと捉え、個別の指導計画の目標に据えると自然です。主訴としていわれていることからさらに要因をさぐり、その要因への対策を考え、個別の指導計画の方針としていきます。

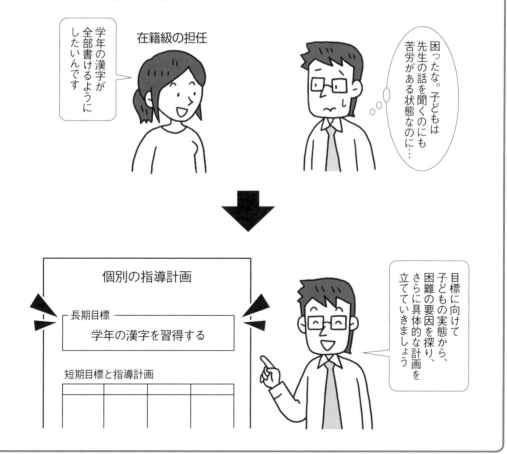

① 在籍級・在籍校との連携

コンサルテーションのもち方

1 問題行動の背景に目を向けられるようにする

「じっとできない」「板書を書かない」「課題に取り組まない」などの子どもの行動に翻弄され，在籍級の担任が支援を建設的に考えることができなくなってしまうことがあります。子どもが「やろうと思っているけどできない状態」と「できるけどやらない状態」は違うので，行動（現象）の背景に目を向けられるように在籍級の担任を支援します。

> **ポイント** 行動観察を通して気づきを促す

行動観察チェックリスト

	子どもの行動	背景として考えられる要因
書字	・鉛筆の持ち方や力の入れ方がおかしい ・マス目をはみ出す	手先の不器用さや，目と手の協応運動の弱さがあるかもしれません
	・鏡文字がある ・ヘンとツクリが逆転する ・文字の細部を間違う	空間認知に課題がある可能性があります
	・字の形や読み方を思い出すのに時間がかかる	ワーキングメモリの機能に問題がないかを見ていきます
姿勢	・体を揺する ・椅子ごと倒れたり椅子から落ちたりする	多動傾向が強いと，同じ姿勢をとり続けられない場合があります
	・体がぐにゃぐにゃする ・体が傾いたり，もたれたりする	背筋など筋力が弱く，体幹が育っていないために姿勢が悪い場合があります
	・書くときに体をひねる	鉛筆の持ち方がおかしいため，「書いている鉛筆の先が見えない」場合があります
対人関係	・一方的に話す ・相手の意図を理解できない	コミュニケーションが上手くとれずに友達とトラブルになっている可能性があります
	・特定の子どもとトラブルを起こす	過剰な関わりをするなど，人との距離感がうまくとれないためにトラブルが起こっている可能性があります

（留意点）

実際に見える状態だけでは判断できないこともたくさんあります。障害の種別や，その行動が起こっている前後の関係や，場面の状況などから，違った解釈になることもあります。観察の際は，子どもがしている行動に加えて，「いつ・どこで・どんなときに」などの状況をしっかりみていくということについても，在籍級の担任と共通理解していきます。

2　対等な立場で作戦を考える

　専門性をもつ複数の者が，援助対象者の状況について検討し，よりよい援助のあり方について話し合うプロセスのことをコンサルテーションといいます。通級指導教室の担任の場合は，「困難な問題に直面している在籍級の担任が，その問題や課題を評価・整理し，解決に向けて力量を発揮できるよう，力を引き出すための支援」ということができます。

ポイント　学級担任へのコンサルテーションの例

授業妨害が多発している子への対応

1．課題を評価・整理する
①ふだんの授業中の様子を聞きます。
②問題場面でどのような行動をとったのか，どのような状況で起こったのかを聞き取り，明らかにしていきます。
・前後に教師とどんなやりとりがあったか
・友達とどんなやりとりがあったか
・どんな課題を指示したときに起こるか
・その課題を指示したとき，過去にも同じような行動がおこったか
・今まで同じ状態になったことがあるなら，その時の状況はどうだったか

2．解決に向けて話し合う
①聞き取った子どもの状態と，アセスメントで得られている子どもの特徴を照らし合わせ，考えられる要因を判断していきます。
・学習が苦手な状態が多い場合は，「やってもできない」という思いが授業妨害になっている可能性が高くなります。
・間違うことへの抵抗感が強い場合は，「課題ができない」「わからない」と自分が思った時点で拒否をするために，授業妨害になっていくこともあります。
②このように，子どもの特徴と関連づけて，要因を推理していきます。

ひらがなが覚えられない子への対応

1．課題を評価・整理する
①子どもの書いているひらがなの状態や，ひらがなを書く課題のときの様子をしっかり観察してもらいます。
②「読めるが書けない」と「読めない書けない」では，対応を変えていきます。
・手先の不器用さや，文字の形の認識だけに課題がある場合は，「読めるが書けない」という状態である可能性が高くなります。
・ひらがなの音（読み）と文字の形の結びつきが弱く，無意味な言葉の記憶が弱い場合は，「読めない書けない」という状態になりやすくなります。
・鏡文字などが見られる場合は，空間認知の問題も要因として考えられます。

2．解決に向けて話し合う
①考えられる困難の要因に応じて，在籍級の担任が授業でできる指導の工夫を一緒に考えていきます。
②子どもが通級指導教室で個別の指導を受け，文字の指導も受けている場合は，通級指導の進行状況に合わせて，クラスでの指導をレベルアップしていくことも考えます。連携に生かした有効な支援になります。

① 在籍級・在籍校との連携
指導結果の共有

1 在籍級の担任との結果の共有

通級指導教室での指導内容やその結果を，在籍校（級）と交流していくときのポイントは，「主訴に対して今の状態がどうであるか」「以前の状態と比較して現在の状態はどうであるか」を報告して，子どもの変化を具体的に感じてもらえるようにすることです。

ポイント 子どもの意欲につなげる工夫

【よい変化を具体的に伝える】

○具体的にほめる
・とめはねがしっかりできました。
・マスからはみ出さなくなりました。
・○年生までの漢字を復習しました。
・正しい鉛筆の持ち方を練習しました。

○成長をふまえてほめる
・4月より字の形が整いました。
・書くスピードが前より速くなりました。

×抽象的にほめる
・よくがんばりました。
・やったね。

【学級で生かせる形で伝える】
・通級指導の場で成果があがった学習は，通常学級でもいかせるように情報共有していきましょう。
・在籍級の担任がクラスでも実践できる形に変換して伝えます。

短い課題をたくさん設定するとトータルとしては長いが，集中は短くていけるという課題の提示の仕方になり，●●さんには有効です

学習を始める前に「今回は立ち歩かず集中してがんばろう」と伝えています。だんだん立ち歩きが減りました

留意点
よい変化の起きていることが，在籍級の担任や保護者を通して子どもにも伝わると，子どもの意欲がわいてきます。子どもが苦手なことや困難な課題ができるようになったという成果や達成感と同時に，「やったらできる！」という達成感を持ち，今後の課題に意欲的に取り組めるようになることをめざします。

2 保護者との結果の共有

子どもの変化を共有することは前項と同じですが，さらに通級指導教室の担任と在籍級の担任が緊密に連携していることが伝わると，保護者の安心につながります。当然ですが，指導の結果うまくいかなかったことについて保護者に責任があるような説明をしないこと，保護者には子どもができたことをしっかりほめる立場に立ってもらうことをこころがけます。

ポイント 三者でのトライアングルを築く

1．指導記録は三者で回覧
学習の記録ファイルのようなものをつくり，保護者・在籍級の担任・通級指導教室の担任の三者で回覧します。通級指導教室での指導記録のほかに，在籍級での様子，家庭での様子を記入する欄もつくっておくと，ファイルを回覧する中で情報の共有ができます。

2．懇談会前の情報交換
在籍級と通級指導教室で保護者との個人懇談は別々に行われることが多いようです。それぞれに行うまえに，在籍級の担任と通級指導教室の担任が情報交換しておくと，それぞれの懇談がさらに有意義な内容になります。

3．通級指導教室の授業参観
通級では保護者が指導の様子を見る機会は少なく，情報共有がしにくい一因となっています。通級指導教室でも参観の時間を設けて，在籍級の担任や保護者に学級や家庭とは違う子どもの姿を知ってもらうようにすると，それぞれの場でのかかわり方のヒントになります。

4．三者懇談会の実施
保護者と在籍級の担任と通級指導教室の担任による三者懇談を必要に応じて実施すると，子どもの状態が共有しやすくなります。司会進行を通級指導教室の担任がすることで，支援方針からぶれない話し合いが実現できます。

② 保護者の心理の理解と対応
保護者との相談の基本

1　専門家同士としてかかわる

通級指導教室の担任が行う保護者との面談では，カウンセリング的手法を使います。その際，保護者は子育ての専門家として，教師は学校教育の専門家として，互いに対等の立場で話し合うという意識が大切です。ただし，いきなり話し合いをスタートできるわけではありません。まずは信頼関係を築くことから始めます。

ポイント　相談の3つのステップ

・まず初めにしなければならないのは，「困っていることの共有」です。保護者はさまざまな思いを抱いて子育てをしています。よくここまで頑張ってこられましたね，という「ねぎらいの姿勢」を基本にかかわります。十分にねぎらったうえで，「これから，共に協力し合って，試行錯誤しながらも前進していきましょう」という勇気づけをしていきます。
・このような信頼関係がベースになって，保護者は「この人になら困っていることを話せる」と心を開くことができます。
・こうして，保護者が話してもよいという気持ちになったら，保護者の訴えに耳を傾け，家庭での状況を把握します。また，学校での子どもの様子を理解してもらいます。
・そのほか，各種検査や面接を通して得た情報があれば，それらも総合的に判断してアセスメントを行い，援助方針，援助方法について話し合います。

第1の関係 ワンネス	第2の関係 ウイネス	第3の関係 アイネス
相手の世界を相手の目で見るかかわりです。相手の内的な世界を共有するために，相手が話すままに，相手の考え，感情，行動を理解しようとするかかわりをします。	私はあなたの味方です，というかかわりです。相手の意志決定の過程を尊重しながら，現実の問題にどう対処するかを一緒に考えたり，ある場合には，実際に手を貸すこともあります。	子どものアセスメントをもとに，「私はこう思う，私はこう考える」をアイ（わたし）メッセージで伝える，自己開示や自己主張のかかわりです。

留意点

保護者との面談では，ユーメッセージが中心にならないように注意します。「あなた」を主語にしたユーメッセージの多くは，「～しなさい」という命令や，「～するものよ」という説教になります。「わたし」を主語に，自分の考えや気持を「語る」ことで，相手の理解を求めるのがアイメッセージを心がけます。

2 不安の強い保護者には？

保護者の子育てのタイプは，大きく3つに分かれます。いずれのタイプも，子どもの先行きや，保護者として自分のとるべき対応に見通しがもてず，ストレスと強い不安を抱えています。しかし，対応の仕方次第で子どものよくない習慣を減らせることがわかると親子関係は著しく改善し，見通しがもてるようになることで保護者の不安も軽減されます。

ポイント 子どもへのかかわり方に焦点を当てる

子育てがうまくいかず，保護者自身も大きなストレスを抱えている

改善の見通しがもてず，勝手に思い込んで不安になる

①のタイプの保護者
「いつか普通になる」から，特別に何もする必要はないと考える

②のタイプの保護者
子どもの問題に不安をもちながらも，「障害ではない」と思いたいために，子どもへの対応を躊躇する

③のタイプの保護者
「普通の人」になれるために，できる限りの援助をしようとがんばる

子どもは必要な時期に必要な援助を受けることができないために，二次障害を抱えるリスクがある

高すぎる目標設定も，不適切なかかわりとなる

ペアレント・トレーニングなどで，保護者が適切に子どもへかかわれるようになると子どもは落ち着いていい気分でいられるようになる

子どもの行動を変えられることがわかると，保護者が安定する

ペアレント・トレーニングはアメリカから伝わってきた技法で，保護者が対応を工夫することで，子どもの困った行動が改善するという考え方です。基本的には，子どもの行動を「もっとしてほしい行動」「してほしくない行動」「許しがたい行動」に分け，よい行動には「注目」し，してほしくない行動は「無視（注目しない）」します。ペアレント・トレーニング関係の本を読むことで多くのことが学べます。

② 保護者の心理の理解と対応

子どもへのかかわり方のアドバイス

1 過保護・放任の保護者へ

保護者が親の責任として，かかわらないよりはましだからという気持ちで，子どもに過保護にかかわってしまうケースがあります。いっぽう，成り行きにまかせるしかないという気持ちから，放任になる保護者もいます。過保護も放任も，子どもにとって適切な支援とはいえず，子どもにストレスを与えることになります。

ポイント エネルギーの蓄積になるかかわりを

1．エネルギーの蓄積がなぜ必要か

- 子どもが思春期を迎えると，身体的変化，自己意識の高揚，社会的役割の変化など，さまざまな変化が現れます。また，子どもが成長するにつれて，自分のあり方生き方を自分の責任で選ぶ割合が増えてきます。そのなかで，自分の人生は自分が主人公であるという意識が芽生えてきます。これは発達障害やその傾向があっても同じことです。
- この思春期の急激な変化には，子ども自身もとまどいます。乗り越えなければならない思春期の発達課題（アイデンティティの確立）と，内側から突き上げてくる性衝動という内外のプレッシャーに挟まれて，子どもは相克状態になります。
- これを乗り越えるには，大きなエネルギー（プラスの感情交流）が必要です。思春期に臨む子どもがたくさんのエネルギーを蓄積できるように，親子のかかわり方を援助します。

2．ストレスが続くとどうなるか

- 過保護・放任など，子どもがストレスにさらされた環境に置かれ続けた場合は，身体的症状あるいは問題行動，精神的疾患などが生じることがあります。

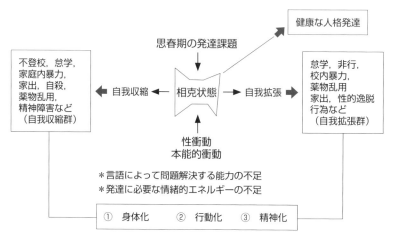

※図の出典：加勇田修士ほか編著『教師のためのコミュニケーション事典』図書文化社

2 子どもの問題行動に悩む保護者へ

保護者が子どものためと思ってとる行動が，必ずしも子どものエネルギーになるとは限りません。保護者から適切なかかわりをしてもらえなかったという思いが残ると，それが解消されるまで，子どもは思うように動くことができなくなります。また，そのことを言葉でうまく伝えられないために，さまざまなアクティングアウト(問題行動)を起こします。

ポイント 自立につながるかかわり方の原則

①子どもの人生は子どもが主人公であることが原則です。何事も先回りしない，子どもより先に口をきかない，質問・命令口調（ユーメッセージ）はやめ，アイメッセージで必要最小限の会話を心がけます。
②子どもの世界を子どもの目で見る姿勢を築きます。話してきたら真剣に聞き，片手間でなく子どもの方を向いて，評価はせず，そのままフィードバックするだけにします。
③介入の必要性を考える場合，子どもの行動を「もっとしてほしい行動」「してほしくない行動」「許しがたい行動」に分けて，よい行動には「注目」し，してほしくない行動は「無視（注目しない）」します。また，許しがたい行動には罰則を設けます。

④試行錯誤を認めます。失敗や試行錯誤を通して子どもは自立していきます。悩むことを支持し，子どもと共に揺れ動くように心がけます。

[留意点]
保護者が，子どもの行動の善悪だけでなく，その背景に目を向ける余裕をもてるようになると，問題解決の可能性が見えてきます。子どもの自主性を尊重し，介入は必要最小限にすることで，親子の関係が改善し，親子の適切なかかわりが増えるにつれて，子どもにエネルギーが充電されていきます。その結果，問題行動が減っていきます。

② 保護者の心理の理解と対応

進路選択へのアドバイス

1 進路相談のタイミングは？

子どもが将来的に自分に合った進路を選び，自分で決めていけるような支援が大切です。発達障害やその傾向がある場合は，本人の特性や状態をみながら，本人にあった進路を探してくことが必要で，定型発達の子どもと比べても進路選択には時間をかけていきます。親子で準備の期間を長めに取れるように，早めに行動できるようにアドバイスします。

> **ポイント** 4年生になったらアドバイスを始める
>
> ### 1．中学校の選択肢
> ・子どもが4年生になる頃には，保護者は進学先についての情報収集を始めます。
> ・子どもに合った進学先とは，子どもが「うまくいった」という成功体験を積み重ね，自己評価を高めることのできる教育環境のことです。よい教育環境のなかで，支援を受けながら本来の力を発揮することで，子どもの能力が開花し，成長が促進されます。
> ・進学させたいと思う学校には，必ず子どもと足を運ぶよう促します。インターネットや地域の情報だけでなく，子どもと共に実際に見学して判断することが大切です。
> ・学力レベルだけでなく，校風や立地条件，通学時間も総合的に考えましょう。
>
> | 地域の公立中学校 | ①通常学級で学習する，②通常学級に在籍して通級指導教室を利用する，③特別支援学級に在籍する，の3つの選択肢があります。 |
> |---|---|
> | 区域外の公立中学校 | 学校選択制が導入されている地域では，区域外の学校を選ぶことも可能です。特別支援学級がないなどの理由では，選択制が導入されていなくても区域外の学校を選ぶことが可能な場合があります。 |
> | 私立中学校 | 学校によってさまざまな特色があります。私立受験を考える場合は，4年生なったら少し早めの対応が必要です。 |
> | 特別支援学校 | 中等部は1クラス定員6名という少人数教育が行われています。 |
>
> ### 2．将来のことを心配しすぎない
> ・中学卒業以降，進路の幅は飛躍的に広がります。高校や大学は多様化しており，卒業後の働き方の選択肢も広がっています。このように進路の見通しが立ちにくいなかで，保護者はあまりに先のことを心配しすぎて不安になりがちです。
> ・大事なことは「いまの年齢で身につけるべきことを学ばせること」「子どもが何に興味をもち，どんなことが得意なのかをよくみること」です。このような一歩一歩の積み重ねの先に将来があります。進路情報についてはすこし早めにアンテナを伸ばしながらも，子どもが具体的な進路選択を考える時期が来たら，そのときに行動すればよいことを伝えて安心させていきます。
>
> 参考文献：月森久江監修『発達障害がある子どもの進路選択ハンドブック』（健康ライブラリー），講談社，2010

174

2 信頼関係が築きにくい保護者には？

保護者が学校へ不信感を抱くきっかけや，不満の理由として訴えてくる内容の多くは，子どもが適切に扱われてないことへの指摘です。思わず反論したくなる内容もありますが，どちらがよいか悪いかという対立に発展することは避け，今後の支援のあり方をどうしたらよいか，家庭と学校の果たすべき役割・作戦について話し合う方向をめざします。

ポイント 対立を避け，共に子どもの方向を向く

＜保護者からよくある訴え＞
①教師の気持ちや考えを押しつけてくる
　「～でないと困ります」「●●ちゃんは～だから」
②曖昧な言葉を使う
　「考えておきます」「様子をみましょう」
③他の子どもとむやみに比べる
　「●●ちゃんだけですよ」「みんなできているのに」
④友達関係がうまくいかずに子どもがつらいときや悔しいときに共感してくれない
　「それくらいたいしたことない」「我慢しなくちゃ」
⑤子どもに合った目標を設定して支援してくれない
　「特別扱いはできません」「●年生ならこれくらい」

子どものよいところを話題の中心に

教師・保護者の役目は，子どもを肯定することです。どうすればよい面をたくさんほめることができるか，子どもに用事を頼んだりして，本人が長所を自覚できるように導きます。

[留意点]
子どものことで保護者も周囲から否定的な評価を受けがちな場合，それにより保護者も傷ついています。また，夫婦間の問題を抱えている，自分も障害を抱えている，ひとり親家庭である，児童養護施設に子どもを預けている等，保護者自身が余裕のない状態にある場合は，不信・不満の矛先を学校に向けやすい傾向があります。それらのことを念頭に置いて，不信や不満の思いを受けとめながら信頼関係を築き，共に連携できる方向をめざします。

③ 子どもの心理の理解と対応

発達障害がある子どもの心の支え方

1　子どもの心理面へのサポート

発達障害がある子どもの学校生活や家庭生活には大きな苦戦がともないます。失敗を多く経験することで，子どもの心には無力感や劣等感，自信喪失感が常につきまといます。そのようなつらい気持ち，どうしていいかわからない気持ち（カウンセリングニーズ）についても受け止め，子どもが前向きに学校生活に向かえるようサポートすることも大切です。

ポイント　個別面談で子どもの心を支える

子どもの気持ちの支え方

・気持ちを聞く

多くの場合，子どもは自分が何に困っているかをはっきり言えるわけではありません。つらさをていねいに聞いていきます。

子どもの話を元に，子どもが何にどう困っていて，どうしたいと思っているかなど，アセスメントも同時に行います。

・少しずつ行動することを促す

アセスメントを元につらい気持ちを減らすためにできることを提案します。子どもも同意したら，簡単な課題から取り組んでいきます。

・在籍級の担任や保護者との仲介者となる

子どもは言いたいことをうまく言えない場合がほとんどです。在籍級の担任や保護者に理解してもらえるように，子どもの思いや願いを代弁してあげることもときには必要になります。子どもに代わって，要点をわかりやすい言葉で伝えます。

・サポーターを探す

子どもが学校生活を健やかに送っていくためには，学級の子どもの中からサポーターをみつけていくことが必要です。教師や保護者にとっても，信頼できる友達や先輩たちの存在があると安心です。まわりのサポートを得て子どもが自立しやすくなります。

子どもが苦戦しやすいテーマ

・友達との絆

同年代とのコミュニケーションが苦手だったり場の雰囲気が読めなかったりするため，集団から孤立しがちになります。

・異性への関心

異性への関心が薄い場合，友達が熱を上げているアイドルやタレントの話題についていけずに孤立感を感じます。

いっぽう，「髪型が好き」などのこだわりから，異性につきまとってしまうことがあります。相手がいやがっていることを理解できないと，行動がエスカレートしてしまうこともあります。

・通級指導を受ける

思春期になると，まわりの子どもたちの目を気にする子どもが出てきます。みんなと同じでありたいという気持ちと，個別指導が必要だという相反する現実の中で，葛藤が生まれることがあります。

・親からの精神的自立

子どものことが心配で，保護者が干渉したり管理したりすることが多々あります。いつまでも続くと，子どもの自立がむずかしくなります。また，子どもが窮屈さを感じる場合もあります。

2 子どもの自尊心を守るには

発達障害のある子どもにとって，学校生活への「適応」は高いハードルです。自分の弱さや不得意に常に向き合わなければならない厳しさがともなうからです。また，向き合ったとしても，自分の努力が報われないこともとても多いのです。そのようなことが続けば，子どもがしばしば投げやりになってしまうのも，仕方のないことなのかもしれません。

ポイント 失敗場面を予想して先手を打つ

授業場面では

一斉授業の場面は，発達障害のある子どもにとって，大人が思っている以上に大きなストレスとなります。例えばじっとしているのが苦手な場合，適切な支えがないと，授業中に立ち歩いたりルールを守れずに発言したりして，授業妨害の張本人にされてしまったり，ほかの子どもや保護者のひんしゅくをかって，孤立してしまうこともあります。

学習場面では

発達障害のある子どもは，学習そのものにも相当なエネルギーを使います。みんなが簡単に書いている漢字が書けない，計算したり書いたり読んだりするスピードが遅い，実験や調理実習では準備が遅かったり必要なものを忘れる，体育ではうまく動けずにチームの足手まといになる，大縄飛びで引っかけてしまうなど，友達に引け目を感じる場面が多くなります。

通級の場面では

通級での指導は大事なサポートですが，授業を抜けるときに「どこに行くの？」「何で行くの？」と友達に聞かれ，うまく説明ができないことが少なくありません。また，通級指導教室が同じ学校にある場合には，残念なことですが「通級指導教室」に対する偏見や差別がある場合があります。知らず知らずに友達から白い目で見られてしまうことがあり，自尊心が低下する原因となります。

留意点

苦手なことが多いいっぽうで，得意な領域で能力を発揮する子どもたちも数多くいます。また，人をおとしめるようなことはしない子どもたちがほとんどです。「できるところ」「すばらしいところ」へ常に目を向け，子どもたちが劣等感を抱かないようにすることが大切です。

③ 子どもの心理の理解と対応
二次障害を抱えた子どものケア

1 二次障害とは

二次障害とは,「もともとある問題状況から発生する新たな問題状況」のことです。たとえば学習障害のある子どもが,保護者や教師から勉強のことで叱責を受け続けたとします。はじめは努力するのですが,成績は振るわず,ストレスや自責の念などから,体調が悪くなったり,学校に行きたがらなくなるなどの新たな問題状況が発生することがあります。

ポイント 二次障害はどのように現れるか

二次障害が起こる仕組み

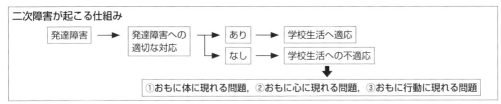

①おもに体に現れる問題
- ・「頭が痛い」「お腹が痛い」などの体の症状としてよく現れます。いわゆる心身症と呼ばれるもので,ストレスが体調面に現れた状態となります。
- ・神経性習癖として,チックが現れることもあります。子どもによく見られるチックの症状には,運動チック(まばたき,首ふり等)や音声チック(咳払い,奇声を発する等)があります。チックの一種であるトゥレット症候群(「バカ」などの汚言や性的な発言をすることがある)では,40%以上に注意欠如・多動症(ADHD)が合併するといわれています。また,強迫性障害や限局性学習症,睡眠障害などを合併していることもあります。

②おもに心に現れる問題
- ・失敗が続いたり叱られてばかりいると,子どもは精神的に追い詰められ,気分がふさいだり落ち込んだりしていきます。特に自我が確立してくる思春期には,子どもがうつ病に陥りやすいことが知られています。うつ病とは,気分が1日中憂うつになり,何をやってもつまらなく,眠れなくなったり,ときに死にたくなったりする気分が2週間以上続く病気です。最近は子どものうつ病が増加しているといわれており,発達障害の子どもたちも例外ではありません。

③おもに行動に現れる問題
- ・友達関係が悪化したり,苦手な勉強や体育等で失敗をしたりして,本人にとって学校へ行く意欲が失われ,不登校になることもしばしばあります。低学年の頃は「できない」ことをそれほど意識しなかった子どもも,1年1年成長していく過程で,周囲と自分を比較して「できない」を意識するようになり,自尊心が容易に低下していきます。
- ・暴力や非行が問題になる子どももいます。いきなり暴力を振るうわけではなく,必ず引き金になっている出来事(ほかの子どもの反応等)があることに注意を払いましょう。

2 二次障害を予防するには

二次障害は，発達障害の特性により，子どもが困っていることへ適切な対応がなされなかったことから引き起こされます。ですから，二次障害の予防は，「適切な対応」をすることが解決策になります。「困っていることを発見すること」「自尊心を高める」ことの2つが必須となります。

ポイント 困っていることへ適切に対応する

1．子どもが困っていることに気づく

- 発達障害のある子どもは，「やる気がない子」「愛想が悪い子」「自分勝手な子」「乱暴な子」などとしばしば誤解されます。
- 例えば，脳の前頭葉の働きの1つであるワーキングメモリの働きが弱いために，「ここに座っていてね」と言われたことを忘れて歩き回ってしまう子がいます。指示を理解できないわけではないし，けっして言いつけを無視するつもりもないのに，覚えておくことがむずかしいのです。本人のせいではないことを理解し，責めたり叱ったりしないことが大切です。

【二次障害を引き起こさないための手順】

発達障害への気づき → 障害特性の理解 → 一人一人の特性にあった対応

- 子どもの特性がある程度理解できたら，その子の特性に合った対応を行います。同じ障害名の診断であっても，特性は一人一人異なることに留意します。

2．よいところを探してほめる

- 子どもの生活の質が低下すると，保護者や教師，友達との関係もむずかしくなります。また，自信も失いがちです。子どもと接する人がシャワーのようにほめたり認めたりする言葉をかけ，自尊心を高めることが必要となります。

よいところに目を向ける

電車にくわしい
折り紙が上手！
うさぎにやさしい

よいところの例：記憶力がいい，手先が極端に器用（小さな折り紙をピンセットで作るなど），好きなことならば同じことを集中して続けられる，本物のような写実的な絵が描ける，想像豊かな絵が描ける，文才がある，ある領域に対しての知識が豊富など

③ 子どもの心理の理解と対応
ストレスのケア

1　心理・社会的ストレッサーとは

発達障害のある子にとって，ストレスの原因となるものはいっぱいあります。何にストレスを感じるか，そのポイントは一人一人違いますが，なかでも人間関係や学校生活上の問題，家庭の問題など（心理・社会的ストレッサー）は，多くの子どもたちの一番大きなストレスとなります。

> **ポイント** 人間関係のストレスにはどのようなものがあるか
>
> ①**友達関係のストレス**
> ・発達障害の子どもの多くは，同年代との関係が苦手です。仲よくしたいのに，順番が待てなかったり，一方的におしゃべりがすぎたり，外見的特徴（背が小さい，太っているなど）を本人にずばっと言ってしまったりして，相手が腹を立ててしまいます。
> ・友達の話題についていけなかったり，コミュニケーションがとりづらかったりすることから，だんだんと距離を置かれたり，いじめの対象にされてしまうこともあります。
>
>
> ●●ちゃん、電車の話ばっかでつまらないんだもん
>
> ②**親子関係のストレス**
> ・発達障害の子どもは家庭でも大きなストレスがあります。
> ・不器用な子どもは，箸がうまく使えずご飯をぽろぽろこぼしたり，部屋を片付けるのが苦手だったりします。学校の準備なども忘れてしまいがちです。年齢相応のことができないために，しょっちゅう大声で怒鳴られます。ほかの兄弟と比べられることもしばしばです。
> ・親に受け入れてもらいたい，でも親の期待にはこたえられないというつらさは，子どもに大きなストレスとなります。
>
>
> 何回言ってもほんとうにダメなんだから…
>
> ③**教師とのストレス**
> ・経験の浅い教師が，「簡単な漢字も書けない」のは自分の指導力不足ではないかと考え，発達障害の特性について理解しないままに何度も練習させることが，子どもにとってのストレスにつながる場合があります。
> ・自分のやり方が確立しているベテラン教師が，指導の枠に入りづらい子どもに対して柔軟に対応できず，子どもとの関係を悪くしてしまうことがあります。
>
>
> 私の指導力不足が原因かしらやればできるはず…

2 ストレスをどう軽減するか

ストレス減らすポイントは，子どもにかかわる人々が，「自分の言動がストレスの原因になっているかもしれない」ということを自覚することにつきます。それには応用行動分析やブリーフセラピーの視点が役に立ちます。子どもにとってよかったかかわりを抽出し，続けることで，次第に子どものストレスは軽減していきます。

ポイント 子どもに与えるストレッサー度をチェック

教師の行動チェック

先行状況		教師の反応		結果	評価
子どもが動き回る	→	強く叱る	→	さらに激しく動き回る	×
子どもが動き回る	→	10数えて待つ	→	自分から着席する	○

①先行状況（問題行動が起きた状況），教師の反応，結果（子どもがどうなったか）を，上記のように一定期間記録します。
②記録を分析します。例えば「強く叱る」ことで，さらに子どもが激しく動き回るのであれば，それは有効なかかわりとはいえません。「強く叱る」方法は子どもにとってのストレッサーと判断し，他のやり方を考えます。
③いろいろ試してみて，よい結果につながったことがあれば，それを続けます。一度でもよい結果が出た方法は，再び試す価値があります。

友達の行動チェック

先行状況		友達の反応		結果	評価
友達の会話に割り込む	→	無視する	→	さらにまくしたてる	×
友達の会話に割り込む	→	「順番ね」と伝える	→	話すのをやめる	○

①教師の場合とやり方は同じです。ただし，記録をとるように求めることはむずかしいため，協力を依頼したら，教師や保護者が友達の行動を記録・分析します。
②うまくない結果のときには，友達にどうしてもらったらうまくいくかを考え，仮説を立てます。新しい対応の仕方を実行するように友達に依頼します。
③うまくいったら，友達に感謝してほめます。これを継続します。

③ 子どもの心理の理解と対応

関係が築きにくい子どものケア

1 反抗的な子どもの理解

指示をしても言うことをきかない，教師の言うことを否定する，反抗的な態度をとる，すぐにいじけるなどで，指導に乗せることができにくい子どもたちがいます。一度すねると，なかなか元のような機嫌に戻らず，対応がむずかしく，指導に苦慮します。愛情を注ぎ，適切な対応をすることが大切です。

ポイント 感情的にまきこまれない

反抗的な子どもの３つのタイプ

①なんでも否定して指導に従わないタイプ
ひとことで言えば，「ボクを見て！」「ワタシを見て！」という関心を引くサインとしての否定的な態度です。本人が意図的にしている場合と無意識な場合があります。
背景には，厳しい家族環境が垣間みられることも多く，家庭が経済的に困窮している，家族間に不和があり自分に関心を向けてもらえないなど，情緒的不安定さがあると理解できます。

②保護者が子の言うなりになっているタイプ
自分の要求はなんでも受け入れられて当たり前だと思っている子どもは，教師や友達が自分の要求を受け入れてくれないことがあると，そのことに納得ができず，しばしばかんしゃくを起こします。

③前述の２つにあてはまらないタイプ
自分で自分の言動をコントロールできずに，かんしゃくを起こしたり，相手をきつく否定したり，指導に逆らったりする子どもです。その反抗的なキレる態度ゆえに，大人になってからも社会に適応しづらくなる場合があります。

共通する対応のポイント

反抗はエネルギーがいる行為です。また，反抗した結果として，本人のストレスも大きなものとなります。それらのストレスやエネルギーを子どもが発散できるような趣味をみつけて，打ち込めるようにします（次ページ参照）。そして，子どもが尊敬できるコーチ的な役割の教師や先輩，友達の存在をつくることが対応の鍵を握ります。

【教師】 子どもの態度にイライラしないことがポイントです。むっとしたり怒ったりしてしまいがちですが，自尊心が低くなったり，教師や友達からの評価が低くなったりすると，子どもはさらに自暴自棄になりがちです。「わざとやっているわけではない」「障害の特性がそうさせている」と冷静に受け止められるかどうかが大切なポイントになります。

【保護者】 保護者にも，わざとではないと子どもの態度を受け流せるぐらいの心の余裕を回復することが必要です。しかし，学校から苦情が来たり，家でも子どもが言うことをきかなかったりして，保護者はほとほと日常生活に疲れてしまっています。そのために親子関係がこじれてしまっていることも，しばしばあります。スクールカウンセラーなどに保護者が自分の気持ちを吐き出せるようにサポートします。

2 やる気の出させ方・楽しみの見つけ方

発達障害のある子どもにとって，「楽しむこと」は遊ぶこと以上に大きな意味をもちます。それは，「ストレス発散」と「生きづらさの軽減」です。何気ない日常生活でも，人の何倍も努力を要することがある子どもたちだけに，没頭できる「楽しみ」を発見することはとても大切です。

ポイント エネルギーをプラスに向ける

自助資源を手がかりに―楽しみの見つけ方―

子どもの好きなこと，得意なことを見つける → 楽しむ方法を提案 → 一緒にやってみる → 子どもが楽しかったことを継続

- 「動く」が得意 →くすぐりっこ・散歩・一緒に走る・ボール遊び・鬼ごっこ・サッカー
- 「描く」が得意 →塗り絵・お絵かき・絵しりとり・コンピューターグラフィック
- 「作る」が得意 →折り紙・工作キット・プラモデル・パソコンのプログラム作成
- 「弾く」が得意 →ピアノ・キーボード・音楽作成アプリ
- 「歌う・聞く」が得意 →童謡・校歌・アニメの主題歌・J-POP・洋楽
- 「見る」が得意 →テレビ・ビデオ・映画・観劇・コンサート
- 「読む・書く」が得意 →コミック・歴史漫画・文学本・詩・短歌・俳句
- 「飼う」が得意 →アリ・カブト虫・メダカ・金魚・ハムスター・猫・犬
- 「調べる」が得意 →昆虫・魚類・爬虫類・動物・恐竜・天体・樹木・城・歴史・地質・偉人・金融・コンピュータの仕組み・アプリの作り方
- 「ゲーム」が得意 →トランプ・ウノ・オセロ・将棋・ビデオゲーム・学習ゲーム

やる気が出させ方

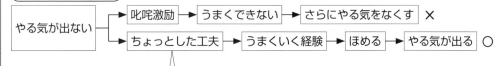

- **言葉づかいにちょっとひと工夫**……「○○してはダメ」よりも「○○しましょう」と肯定的な言い回しに変えることで自尊心の落ち込みが軽減します。
- **時間と場所を構造化**……「この時間は○をする時間」「このコーナーは○○する場所」のように可能な限り時間と場所を限定的に決めていきます。
- **子どもの自助資源を活用**……例えば動き回ることが好きな子どもには，動き回ることが必要な役割を与えることで無理なく活動ができます。
- **子どもの趣味を活かす**……例えば電車が好きな子どもには，電車の絵がついたノートやシールを教材に取り入れることでやる気を促すことができます。

④ 笑顔で通級できる学級づくり
通級をどう説明するか

1 在籍級のアセスメントが必要

通級指導教室（または特別支援教室）へ子どもが気持ちよく通い，前向きに指導を受けるためには，在籍級の子どもたちの理解や反応が重要です。なぜなら，子どもが通級で一番気にすることは，「通うことで，友達に何を言われるか」だからです。在籍校の担任と情報交換しながら，どのような対応や対策が必要かを一緒に考えていきます。

ポイント 学級の状態に応じて考える（通級指導教室担当者の視点から）

学級の雰囲気や子どもの学習の受け方によって，通級指導教室に通う子どものことをどのように説明したらよいか，戦略の立て方が異なります。学級のアセスメント結果にあわせて，適切な説明の仕方について考えていきます。

1．学級全体の雰囲気，教室環境や清掃状態から
初めは教室全体の様子を見ます。観察のポイントは，全員の授業の受け方，学級のルールが徹底されているか，黒板周りや教室環境の清潔さなどです。

2．個に応じた対応の様子から
お休みした子どもへの対応，急に体調が悪くなった子どもへの対応，ケンカしたときの対応，急に雨が降ってきたが傘がない子どもへの対応など，担任がふだん子どもたちへどのように対応しているかを観察します。日頃の在籍級の担任の対応の仕方によって，子どもたちの通級指導教室に対する理解も異なります。「みんなと同じでないといけない」「特別なことは許さない」という指導をいつも受けている場合，通級指導教室へ行くことに子どもは不安を感じます。

3．学習への取り組みの様子から
子どもが学習にしっかりと取り組んでいる学級では，「学習の仕方は，個々それぞれに違いがある」ことを，在籍級の担任が学級全体に向けて説明しても理解できます。しかし，授業が成立しない，ざわついて学習に取り組めない，すぐに飽きる子どもが多いなどの様子が観察される場合は，子どもたちが説明を聞かない場合があるので，きめ細やかで丁寧な対応が望まれます。

4．差別やいじめの発生具合から
差別的な発言や暴言，いじめが多く発生している学級では，子どもが通級指導教室を利用するだけで「いじめ」の対象になることがあります。このような学級で，授業中の取り出しをすることには注意が必要です。できるだけ放課後通級にしたり，午後の授業が5時間目で下校する日にしたり，土曜日の午後などを取り出しの指導日にするとよいでしょう。

このような学級では，最大の配慮が必要

2 どのような言葉で伝えるか

周囲の子どもたちへの説明の仕方はとても大切です。例えば，「この子は，通級しないといけない子なのよ。ね，みんなわかるでしょう」という説明は，差別につながっています。「この子は特別だから」「勉強ができないから」という言い方も同様です。どうしたら子どもが気持ちよく「行ってきます」と言えて，「お帰りなさい」と迎え入れてもらえるかを在籍級の担任と考えます。

ポイント 差別にならない説明の仕方を考える

気持ちよく送り出してもらうことを目標に

- 低学年では……先入観を抱かせないように，「○○さんは，これから別の部屋でお勉強してきます。しっかり勉強してきたら，おかえりなさいと言ってあげましょうね」などと説明するとよいでしょう。
- 高学年では……何を例にとって話をすると学級の子どもたちが理解しやすいかを在籍級の担任とよく話し合って，通級教室を利用する子どもが気まずくならないよう配慮します。

前向きでプラスな言葉で

通級指導がその子どもにとって有益であり，前向きでプラスになることを説明しましょう。

例：「みんなにも，苦手なことがありますね。得意なこともあるけど，不得意な勉強だってあるかと思います。だから○○さんは，自分にあった勉強の仕方を教わりにいってくるのです。みんなも応援してあげてね」

例：「みんなも，勉強する速度が速いとわからなくなることがあるでしょう。もう一度○○先生と復習しに行ってくるので，励ましてあげましょうね」

まわりの子どもへの配慮も忘れずに

在籍級の担任として，面倒見がよい子，責任感が強い子に，何かと○○さんを助けてあげてほしいと頼むことがあります。気持ちよく引き受けてくれたとしても，ひと月を限度としましょう。長く続くと，その子もストレスを感じて重荷になります。また，暴力的な子どもと席が近い子どもも，いつもおびえてストレスを感じています。限界まで我慢させないように，月に1回は座席替えをしましょう。

障害名は必要ない

障害名がわかっていても，それを子どもたちに言う必要はありません。障害名を言われても，子どもはどうしていいかわからないからです。その子どもが困っていることで対応する，というスタンスで説明します。

だれでも困っていることには対応が必要

視力が弱い

教師の声が聞こえにくい

進路指導教室へ行くのも同じ

笑顔で通級できる学級づくり

❹ 特別な指導をうらやむ子どもへの対応

1　在籍級の担任の悩みどころ

「先生はいつも○○さんの言うことを聴いてばかりで，ずるい」「どうして，△△さんは宿題半分でいいの」「私も，○○さんみたい前の席がいい」と訴える子どもに，在籍学級の担任は苦慮しています。「ずるい」という訴えの背景には，「自分も先生に注目してもらって，同じように対応してほしい」という気持ちがあります。

ポイント　がまんを強要しない

1．日頃の指導を見直すきっかけに

- 「いつも同じように」「みんな一緒，例外は認めない」と日頃から強調している学級で，「○○さんだけ，席は前にします」「○○さんは，やらなくてよいです」など急に言ったりすると，子どもは驚き，だったら自分も同じようにしてほしいという思いが出てきます。
- 子どもはだれもが注目してほしいし，自分の意見を聴いてほしいと思っています。うらやむ子どもの気持ちを受け止めて，その子が担任に何を観ていてほしいのか，どこをほめてほしいのか，をしっかり見極めて対応してあげましょう。

2．同じような声かけをしてあげる

- プリントの拡大コピーや，前の座席，声かけなど，「あの子だけ特別扱いでずるい」という状態を解消するには，ほかの子どもの希望も1回は聴いてあげましょう。
- 「自分も同じようにしてもらった」と納得すると，次第に「今までのままでいいです」と自分から言ってくるものです。

3．甘えたり息抜きしたりできる場面も

- 大声を出したり教室を飛び出したりしてしまう子がいて，授業がいつも中断してしまうような場合，学級にストレスがたまって，「授業ができないのは，○○さんのせいだ」とその子を責めてしまいます。
- 学級全体のレクリエーションなどを企画して，学級担任も一緒にみんなで遊ぶ場面を設定しましょう。学級全体が，あたたかな気持ちで助け合えるよう導いていきます。

留意点

子どもたちとの間に信頼関係が築けると，「私の学級の先生が言っていることだから」と子どもは素直に受け止め，在籍級の担任の対応に不満をもつことはありません。一人一人の子どもと信頼関係をつくることは，学級経営を行ううえでの大前提です。

2 からかいやいじめの予防と対処方

特別支援の対象になる子どもを「いじめやからかいから守ろう」という動きが全国的になっていても、いじめが発生しています。支援を要する子どものどんな特性が「からかいやいじめ」の対象になりやすいのか、その背景を探り、学級での予防策を一緒に考えます。

ポイント 対応策を講じておく

子どもの様子	よくあるからかいのケース
奇異に見える行動がある	授業中に独り言を言って「うるさい」と言われる、手をひらひらさせたり「シュ、シュ」と声をだしながら手を振る、廊下の壁を触りながら歩くなどの行動が、「おかしいことをやっている子」「ほら見て、見て」と、ほかの子どもからのからかいにつながります。
特別な言葉、特別な人や場所を怖がる	特有な言葉に反応して怖がったり、教師がほかの子どもを注意している声が怖くて、大声を出したりします。また、更衣室や教科の準備室など、特有な臭いがあったり薄暗い所に行くのを怖がります。それを面白がって、わざと押し込めたりするいじめがあります。
音などに敏感	特有な音に過敏で、我慢ができずに「耳ふさぎ」をします。それを見ていて、わざと嫌がる音を出して、いじめることがあります。
暴力的、脅迫的な子どもに逆らえない	力の強い子どもから「それ貸せ！」と言われたり、「ボール取ってこい！」などと暴力的・脅迫的に言われると、すくんでしまって逆らえない子がいます。いわゆる「パシリ」にさせられるケースです。

・「こだわり」は誰にでもあることを教師がきちんと説明します。目立つこだわりは注目されますが、誰にでも人には知られないこだわりがあることを説明したり、自分におきかえて理解をさせ、友達をからかわないよう話します。

・「困っている子」には、どう手助けしてあげたらよいかを説明します。耳元で大声を出さない、危ないことがあったときは急に腕を掴まないで前方へ回って「危ないよ」とやさしく言ってあげるなど、具体的な声のかけかたを動作と一緒に教えていきます。

・「学級便り」などで、よい行動の仕方や手助けをしてくれた子どもを記事に取り上げます。そうすることで、ほかの子どもにもよい行動の仕方を知らせることにもなります。

・なにかあると、すぐに「うるさいよ」「それだめだよ」と注意をしてトラブルになりがちです。注意をしてくれた子どもをねぎらいつつ、「注意するのは、先生だけです」と、あくまでも注意は教師の役割であることを伝えます。

④ 笑顔で通級できる学級づくり
通級している子どもへの配慮

1 時間割の調整と欠席時の配慮

通級で抜けたことで，子どもが不利にならないようにすることが重要です。そのためには，在籍級の担任と通級指導教室の担任との間で行う連絡帳（記録ノート）に記載してある内容を共通理解して，常に情報交換を密にしておきます。また他校通級の場合は，保護者の送迎が必要です。遠方だと長時間かかる場合もあります。取り出しの場合と同じように日時に配慮します。

ポイント 学級で不利にならないように

授業中の取り出しの場合

・授業内容がわかるように板書をデジカメで残しておく

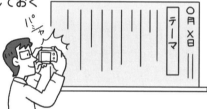

・配布プリントは専用袋にまとめる

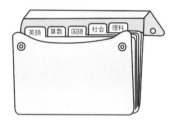

・通級の時間に，重要な話し合い，席替え，小テストなどを行わない

通級や放課後指導に行く場合

・安心して学習に向かえるように優しい声掛け

留意点

自校通級の場合，通っていることをまわりに知られたくない子もいます。どの子も喜んで指導を受けてくれることを願っていますが，このような子どもには，放課後通級がよいでしょう。子どもの心境を察して，傷つけない言葉かけを工夫します。

2 誰にでもある違いを認め合う学級づくり

「みんな同じ」と「みんな違う」は裏表の関係です。子どもたちが理解できるように，学年に応じた例を出しながら「誰にでも（みんな同じ），得意・不得意がある（みんな違う）」ことを，ふだんから，説明していきます。在籍級の担任も，自分のことを例に出しながら，不得意は誰にでもあることを理解させます。

ポイント 得意・不得意を認め合う活動

日々の子どもとのかかわりの中で

「Aさんは，字がきれい」
「Bさんは，泳ぎがとっても上手」
「Cさんは，計算がとても得意」
得意なことはみんなの前で言われても，嫌な気持ちにはなりませんね。

でも，不得意なことだって，誰でも1つか2つはありますね。先生は，高い所や木登りが不得意です。それを言いふらされたり，無理やりやらされたりすると，とても困ります。

たとえ話だけでなく，教師も自己開示することで子どもの心に届く話となる

紙芝居や絵本の読み聞かせ

互いを認め合うことを自然に学ばせるには，紙芝居や絵本がよいでしょう。道徳で取り上げてもよいでしょう。

学級活動として

一人一人のすばらしいところに注目させ，不得意なことばかりを指摘しない学級の雰囲気をつくります。

参考文献：月森久江『通常学級で行う発達障害がある子・周りの子も輝く特別支援教育の極意 小学校編』学事出版，2013

編者紹介

月森 久江　つきもり・ひさえ

東京都杉並区立済美教育センター指導教授。早稲田大学大学院教職研究科非常勤講師を兼任。前杉並区立中瀬中学校通級指導学級担当。日本女子体育大学体育学部卒業。公立中学校（通常）で保健体育科の教師として教鞭をとる傍ら，教育相談（都研上級スクールカウンセラー研修修了）やLD（学習障害）についての研修や研究を重ねてきた。現在，日本LD学会認定の特別支援教育士スーパーバイザー，日本教育カウンセラー協会認定上級教育カウンセラーとガイダンスカウンセラーである。文部科学省「小・中学校におけるLD・ADHD・高機能自閉症への教育支援体制の整備のためのガイドライン（試案）」策定協力者として特別支援教育コーディネーター部門担当リーダーを務める。第40回博報賞特別支援教育部門の個人賞，ならびに文部科学大臣奨励賞受賞。

おもな著書に，『教室でできる特別支援教育のアイデア172小学校編』『同　Pert 2小学校編』『同　中学校編』（編）図書文化，『LD・ADHDの子どもを育てる本』『発達障害がある子どもを育てる本中学生編』『発達障害がある子どもの進路選択ハンドブック』（監）講談社，『発達障害がある子へのサポート実例集』（共著）ナツメ社，ほか多数。

分担執筆者紹介（執筆順）

笹森　洋樹　　独立行政法人国立特別支援教育総合研究所発達障害教育推進センター長
ささもり・ひろき　　1章1節

小林　玄　　立教女学院短期大学専任講師
こばやし・しずか　　1章2節，3節

小池　敏英　　東京学芸大学教授
こいけ・としひで　　2章1節，2節

白井　一之　　東京都荒川区立第三峡田小学校長
しらい・かずゆき　　2章3節

山田　充　　広島県廿日市市教育委員会
やまだ・みつる　　3章1節，4章1節

大山　英子　　島根県川本町立川本小学校通級指導教室
おおやま・ひでこ　　3章2節

山下　公司　　北海道札幌市立南月寒小学校まなびの教室
やました・こおじ　　3章3節

福岡　優紀　　元東京都公立小学校通級指導学級担任
ふくおか・ゆうき　　3章4節

加勇田　修士　　NPO法人ストレス対処法研究所理事長
かゆた・おさむ　　4章2節

田村　節子　　東京成徳大学・大学院教授
たむら・せつこ　　4章3節

月森　久江　　東京都杉並区立済美教育センター指導教授
つきもり・ひさえ　　4章4節

2017年6月現在

シリーズ　教室で行う特別支援教育 9

通級指導教室と特別支援教室の指導のアイデア 小学校編

2017年11月10日　初版第 1 刷発行 ［検印省略］
2020年 4 月 1 日　初版第 3 刷発行

編集者　月森久江©
発行人　福富　泉
発行所　株式会社 図書文化社
　　　　〒112-0012　東京都文京区大塚1-4-15
　　　　TEL 03-3943-2511　FAX 03-3943-2519
　　　　http://www.toshobunka.co.jp/
カバーデザイン　本永惠子デザイン室
イラスト　松永えりか（フェニックス）
ＤＴＰ　株式会社 Sun Fuerza
印刷所　株式会社 厚徳社
製本所　株式会社 村上製本所

乱丁・落丁本の場合はお取り替えいたします。
定価はカバーに表示してあります。
ISBN978-4-8100-7687-5　C3337

シリーズ 教室で行う特別支援教育

個に応じた支援が必要な子どもたちの成長をたすけ，学校生活を楽しくする方法。
しかも，周りの子どもたちの学校生活も豊かになる方法。
シリーズ「**教室で行う特別支援教育**」は，そんな特別支援教育を提案していきます。

ここがポイント学級担任の特別支援教育

通常学級での特別支援教育では，個別指導と一斉指導の両立が難しい。担任にできる学級経営の工夫と，学校体制の充実について述べる。

河村茂雄 編著　　　　　　　　B5判　本体2,200円

応用行動分析で特別支援教育が変わる

子どもの問題行動を減らすにはどうしたらよいか。一人一人の実態から具体的対応策をみつけるための方程式。学校現場に最適な支援の枠組み。

山本淳一・池田聡子 著　　　　B5判　本体2,400円

教室でできる 特別支援教育のアイデア 〈小学校編／小学校編Part2〉

通常学級の中でできるLD，ADHD，高機能自閉症などをもつ子どもへの支援。知りたい情報がすぐ手に取れ，イラストで支援の方法が一目で分かる。

月森久江 編集　　　　　　　　B5判　本体各2,400円

教室でできる 特別支援教育のアイデア 〈中学校編／中学校・高等学校編〉

中学校編では，授業でできる指導の工夫を教科別に収録。中学校・高等学校編では，より大人に近づいた生徒のために，就職や進学に役立つ支援を充実させました。

月森久江 編集　　　　　　　　B5判　本体各2,600円

通級指導教室と特別支援教室の指導のアイデア 〈小学校編〉

子どものつまずきに応じた学習指導と自立活動のアイデア。アセスメントと指導がセットだから，子どものどこを見て，何をすればよいか分かりやすい。

月森久江 編著　　　　　　　　B5判　本体2,400円

遊び活用型読み書き支援プログラム

ひらがな，漢字，説明文や物語文の読解まで，読み書きの基礎を網羅。楽しく集団で学習できる45の指導案。100枚以上の教材と学習支援ソフトがダウンロード可能。

小池敏英・雲井未歓 編著　　　B5判　本体2,800円

人気の「ビジョントレーニング」関連書

学習や運動に困難を抱える子の個別指導に
学ぶことが大好きになるビジョントレーニング
北出勝也 著

Part 1	B5判	本体2,400円
Part 2	B5判	本体2,400円

クラスみんなで行うためのノウハウと実践例
クラスで楽しくビジョントレーニング
北出勝也 編著　　　　　　　　B5判　本体2,200円

K-ABCによる認知処理様式を生かした指導方略

長所活用型指導で子どもが変わる
藤田和弘 ほか編著

正編	特別支援学級・特別支援学校用	B5判	本体2,500円
Part 2	小学校 個別指導用	B5判	本体2,200円
Part 3	小学校中学年以上・中学校用	B5判	本体2,400円
Part 4	幼稚園・保育園・こども園用	B5判	本体2,400円
Part 5	思春期・青年期用	B5判	本体2,800円

図書文化

※本体価格には別途消費税がかかります